普通高等职业教育"十三五"规划教材

应用文写作

主　编　程宁宁　邢　舟
副主编　张　鑫　陈志嵩

北京邮电大学出版社
www.buptpress.com

内 容 简 介

本书所列应用文涵盖了当今社会各行各业常用的几十种文种，范围广泛，信息量充足。在本书编写过程中，充分考虑了理论与实践相结合的理念，案例具有代表性、针对性和专业性，有助于提高学生的文字写作和鉴赏能力。

本书可作为高等院校各专业的应用文写作课程教材，也可作为其他社会相关从业人员的培训用书或参考用书。

图书在版编目（CIP）数据

应用文写作/程宁宁，邢舟主编. -- 北京：北京邮电大学出版社，2017.8（2023.1重印）
ISBN 978-7-5635-5182-8

Ⅰ.①应… Ⅱ.①程… ②邢… Ⅲ.①汉语－应用文－写作－高等学校－教材 Ⅳ.①H152.3

中国版本图书馆 CIP 数据核字（2017）第 191374 号

书　　　名：应用文写作
著作责任者：程宁宁　邢　舟　主编
责 任 编 辑：满志文　穆菁菁
出 版 发 行：北京邮电大学出版社
社　　　址：北京市海淀区西土城路10号　（邮编：100876）
发 　行　 部：电话：010-62282185　传真：010-62283578
E-mail：publish@bupt.edu.cn
经　　　销：各地新华书店
印　　　刷：北京市金木堂数码科技有限公司
开　　　本：787 mm×1 092 mm　1/16
印　　　张：12.75
字　　　数：291 千字
版　　　次：2017 年 8 月第 1 版　2023 年 1 月第 7 次印刷

ISBN 978-7-5635-5182-8　　　　　　　　　　　　　　　　　定　价：30.80 元

· 如有印装质量问题，请与北京邮电大学出版社发行部联系 ·

前　言

在当今信息化时代，我国职业教育正在推行工学结合的教育模式。工学结合就是将学习与工作相结合。其特点就是在学习中学会如何工作，为将来融入社会做好充足的准备。高等职业教育的目的是培养具有较高实际操作能力的应用型人才，高等职业学院的毕业生在具备相关专业知识的基础上，如果能掌握一定的应用文写作知识，具备熟练运用应用文处理日常工作的技能是十分必要的。高等职业院校的毕业生在进入职场前，能够掌握并灵活运用应用文写作的相关知识，对提高其自身的综合素质和职场竞争力是十分有益的。应用文是一个大的范畴，本书选取了其中与高职院校学生目前及今后的学习、工作、生活相关部分的内容作为学习内容，并非面面俱到。至于其他专业性较强的传播类应用文、财经类应用文、科技类应用文、司法类应用文，因与相关专业重复或交叉，适用范围较小，本书就不再涉及。

本书以培养学生应用文写作能力为目标，在阐述相关理论知识的基础上，注重实际应用。本书具有以下特点：

（1）体例新颖。为便于师生的教与学，我们在编写体例上进行了精心设计，对每一章节的内容，从目标定位、理论讲解、实例演示三个方面进行编排。有理论知识点就有相应的例文，使理论不再抽象难懂。

（2）例文丰富。书中引用了大量例文供学生参考，弥补了单纯的理论阐述的不足。我们的教学实践也证明，例文的阅读、评析与仿写比理论讲授更重要。因此，在日常教学中我们积累了一定数量的例文；在编写本书的过程中，又从各级政府网站和权威杂志上选取了部分例文，作为案例实践内容。

（3）内容实用。本书在内容的选择上突出了高职教育"实用"的特色，选择的内容涉及职业规划、求职竞聘、筹划总结、公文处理、活动策划、市场调研、商务洽谈及学术研究等方面，旨在为学生以后的实际工作打下基础。

（4）现代实用性。应用文的直接功用性决定了应用文写作教学必须贴近现实生活、贴近社会、贴近学生实际。因此我们对每一个案例都深思熟虑，既要有代表性，又要与时俱进，更要结合学生的实际情况，达到有所"用"的目的。

本书共八章、三个附录，涵盖的知识点较为全面。由于不同学校、不同专业开设的时间不同，建议各位同仁在使用本书时根据学生情况和专业特点有所侧重，灵活处理，在条件具备的情况下，关于本书的建议教学学时分配见下表。

章节		课时	理论教学课时	实践教学课时
第一章 应用文写作概述及原理	第一节 应用文的定义、分类及特点	1	1	0
	第二节 应用文写作的基本要素	1	1	0
	第三节 应用文的写作思路	1	1	0
第二章 礼仪文书	第一节 请柬	1	0.5	0.5
	第二节 开幕词、闭幕词	1	0.5	0.5
	第三节 演讲词	1	0.5	0.5
第三章 经济文书	第一节 市场调查问卷	1	0.5	0.5
	第二节 市场调查报告	1	0.5	0.5
	第三节 经济合同	1	0.5	0.5
	第四节 招标书	2	1	1
	第五节 投标书	2	1	1
第四章 日常文书	第一节 计划	1	0.5	0.5
	第二节 总结	1	0.5	0.5
	第三节 简报和述职报告	1	0.5	0.5
	第四节 会议记录	1	0.5	0.5
	第五节 通知	1	0.5	0.5

续表

章节		课时	理论教学课时	实践教学课时
第五章 行政文书	第一节 求职信	1	0.5	0.5
	第二节 个人简历	2	1	1
	第三节 合同	1	0.5	0.5
第六章 法律事务文书	第一节 法律事务文书概述	1	0.5	0.5
	第二节 起诉状	1	0.5	0.5
	第三节 答辩状、上诉状	1	0.5	0.5
	第四节 判决书、公证书	1	0.5	0.5
第七章 应用文综合能力的运用	第一节 毕业论文	2	1	1
	第二节 学术论文	1	0.5	0.5
第八章 口语表达基础知识——交谈的艺术	第一节 交谈的技巧	1	0.5	0.5
	第二节 交谈的策略	1	0.5	0.5
总计		32	16	16

本书在编写过程中，参考了大量的书籍、报纸、刊物、网站的相关内容，分别以脚注和参考文献的形式标识于书中、书后。在此，对相关作者表示感谢，同时因未能及时与原作者一一联系而致歉。

本书由大连汽车职业技术学院程宁宁、邢舟担任主编；张鑫、陈志嚣担任副主编。由于时间和篇幅的限制，本书存在不少的缺点和不足，敬请广大读者和专家批评指正。

编　者

目　　录

第一章　应用文写作概述及原理 ……………………………………… 1

第一节　应用文的定义、分类及特点 …………………………………… 1
　　一、应用文的定义 …………………………………………………… 1
　　二、应用文的分类 …………………………………………………… 1
　　三、应用文的特点 …………………………………………………… 2

第二节　应用文写作的基本要素 ………………………………………… 3
　　一、应用文的主旨 …………………………………………………… 3
　　二、应用文的材料 …………………………………………………… 4
　　三、应用文的结构 …………………………………………………… 6
　　四、应用文的语言 …………………………………………………… 9

第三节　应用文的写作思路 …………………………………………… 11
　　一、思路的概念 …………………………………………………… 11
　　二、应用文常用思路 ……………………………………………… 12

第二章　礼仪文书 …………………………………………………… 14

第一节　请柬 …………………………………………………………… 14
　　一、请柬的含义 …………………………………………………… 14
　　二、请柬的内容 …………………………………………………… 14
　　三、请柬的写作要求 ……………………………………………… 15

第二节　开幕词、闭幕词 ……………………………………………… 16
　　一、开幕词 ………………………………………………………… 16
　　二、闭幕词 ………………………………………………………… 18

第三节　演讲词 ………………………………………………………… 20
　　一、演讲词的含义、特点和分类 ………………………………… 20
　　二、演讲词的格式 ………………………………………………… 21
　　三、写作要求 ……………………………………………………… 21
　　四、写作方法 ……………………………………………………… 21
　　五、写作类型 ……………………………………………………… 23

第三章 经济文书 … 31

第一节 市场调查问卷 … 31
一、调查问卷的概念 … 31
二、调查问卷的结构 … 31
三、常规问卷题型 … 32
四、设计问卷的技巧 … 33

第二节 市场调查报告 … 36
一、市场调查报告的概念和特点 … 36
二、市场调查报告的结构 … 36
三、市场调查报告的写作要求 … 38

第三节 经济合同 … 39
一、定义 … 39
二、特点 … 39
三、类型 … 40
四、结构和写作方法 … 41
五、法律特征和法律效力 … 42

第四节 招标书 … 45
一、招标书的概念、种类和特点 … 45
二、招标书的结构 … 46
三、招标书的写作要求 … 46

第五节 投标书 … 50
一、投标书的概念、种类和特点 … 50
二、投标书的结构 … 51
三、投标书的写作要求 … 51

第四章 日常文书 … 53

第一节 计划 … 53
一、计划的定义 … 53
二、计划的特点 … 53
三、计划的种类 … 54
四、计划的写作方法 … 54
五、计划的构成 … 55
六、计划的写作要求 … 56

第二节 总结 … 57
一、总结的定义 … 57
二、总结的特点 … 57
三、总结的种类 … 58

  四、总结的写作方法 …… 58
  五、总结的写作要求 …… 59
 第三节 简报和述职报告 …… 62
  一、简报 …… 62
  二、述职报告 …… 66
 第四节 会议记录 …… 70
  一、会议记录的格式 …… 70
  二、会议记录的要求 …… 70
 第五节 通知 …… 72
  一、通知的概念 …… 72
  二、通知的特点 …… 72
  三、通知的种类 …… 72
  四、通知的写作方法 …… 73
  五、写作要求 …… 75

第五章 行政文书 …… 77

 第一节 求职信 …… 77
  一、作用和特点 …… 77
  二、结构和写作方法 …… 77
 第二节 个人简历 …… 80
  一、个人简历的概念 …… 80
  二、个人简历的特点 …… 80
  三、个人简历的结构 …… 81
  四、个人简历的写作要求 …… 82
 第三节 合同 …… 84
  一、概念 …… 84
  二、特点 …… 84
  三、种类 …… 84
  四、合同的结构与写法 …… 85

第六章 法律事务文书 …… 89

 第一节 法律事务文书概述 …… 89
  一、法律事务文书的概念和种类 …… 89
  二、法律事务文书的特点 …… 89
  三、法律事务文书的作用 …… 90
 第二节 起诉状 …… 90
  一、起诉状的概念 …… 90
  二、起诉状的作用 …… 90

三、起诉状的种类 …………………………………………………………… 91
第三节 答辩状、上诉状 ………………………………………………………… 101
一、答辩状 …………………………………………………………………… 101
二、上诉状 …………………………………………………………………… 103
第四节 判决书、公证书 ………………………………………………………… 108
一、判决书 …………………………………………………………………… 108
二、公证书 …………………………………………………………………… 113

第七章 应用文综合能力的运用 ………………………………………………… 117

第一节 毕业论文 ………………………………………………………………… 117
一、毕业论文的基础内容 …………………………………………………… 117
二、毕业论文的格式 ………………………………………………………… 118
第二节 学术论文 ………………………………………………………………… 152
一、定义 ……………………………………………………………………… 152
二、特点 ……………………………………………………………………… 152
三、写作方法 ………………………………………………………………… 153

第八章 口语表达基础知识——交谈的艺术 …………………………………… 160

第一节 交谈的技巧 ……………………………………………………………… 160
一、交谈的含义 ……………………………………………………………… 160
二、交谈的适应技巧 ………………………………………………………… 161
三、交谈的控制技巧 ………………………………………………………… 163
第二节 交谈的策略 ……………………………………………………………… 169
一、幽默 ……………………………………………………………………… 169
二、委婉 ……………………………………………………………………… 173
三、预伏 ……………………………………………………………………… 175

附录1 十二种行政公文的写法 ………………………………………………… 178

附录2 公文常使用的专用词语 ………………………………………………… 187

附录3 办公礼貌用语 …………………………………………………………… 189

参考文献 ………………………………………………………………………… 192

第一章　应用文写作概述及原理

第一节　应用文的定义、分类及特点

一、应用文的定义

应用文是国家机关单位、企事业单位、团体或个人在处理公私事务、沟通交流、传达讯息所使用的具有某种惯用格式的实用性书面材料。

关于这一概念，包含了以下几个意义。

（一）应用文的作者可以是谁

在我们以前接触的文学文体中，作者往往只是个人，但是应用文的作者，可以是机关单位、团体或者个人。

（二）应用文怎样形成

人们在工作上、学习中和日常生活里，我们不定时会使用一些已给定格式的书面材料而不是类似小说、记叙文、文言文这样的供人品评抒发情怀的文学作品。也就是说，应用文是在"用"的基础上形成的，体现了它的实用性。

（三）应用文的作用是什么

"处理事务、沟通交流"这两点说明了应用文的写作意图，也体现了应用文的基本作用。这里的事务是有客观实在性并与人们日常工作、生活、学习等息息相关的具体事情。如寻人、寻物启事，绝不是一时兴起随便写写贴出来的，而是有明确目的——找回人或物。

二、应用文的分类

应用文按不同种类划分会有很多分法，这里我们介绍最常用的按使用范围和内容性质划分方式。

（一）公务文书

公务文书又可以分为行政公文和事务文书。

1. 行政公文

行政公文是指《国家行政机关公文处理办法》所规定的文种。包括：命令（令）、决定、公告、通告、通知、通报、议案、报告、请示、批复、意见、函、会议纪要13种。

2. 事务文书

事务文书包括计划、总结、调查报告、述职报告、竞聘报告、规章制度、会议记录、会议讲话稿、开幕词、闭幕词、简报等。

（二）行业专用文书

行业文书指的是专业性较强的文书。主要有如下4种：

1. 财经文书

如市场调查报告、市场预测报告、经济活动分析报告、可行性研究报告、审计报告、经济合同、招标书、投标书等。

2. 司法文书

如起诉状、答辩状、上诉状、判决书、公证书等。

3. 科技文书

如科技论文、科技报告、毕业设计报告、实验报告、产品说明书等。

4. 传播文书

如消息、通信、特写、广告等。

行业专业文书还有外交、军事方面等专业文书，但由于使用很专一，从略。

（三）日常应用文书

如求职信、启事、海报、欢迎词、欢送词、祝词等。

三、应用文的特点

（一）实用

试想一下我们在日常生活、工作中会有一些客观的实际问题是需要应用文来解决的：学校放假要发放假通知；大学毕业需要提交的毕业论文；同学们以后实习工作需要提交工作总结；在公司工作需要拟的合同等。写即为用，这也是应用文最基本的特点。

（二）真实

应用文的出发点就是要实事求是，内容真实，事实确凿，数据也要准确，绝不能以假乱真，虚构夸张。如写一份简历，把所有的优点都往自己身上贴，试想这世界又哪里会有完美无瑕的人呢？

（三）时效

因为我们的应用文是要拿来处理事务的，所以就好比及时雨一般，需要时间的限制。比如说一份赈灾申请，拖了几年之后才被处理，想必灾区已是另一般惨淡光景了吧。又比如说合同，必须要有起始时间和终止时间才会有法律效力。

（四）格式

应用文的许多文种是有固定的格式的，如标题、正文、结尾、落款等。这些格式的限定是为了有效沟通并提高工作效率的。这也是应用文最显著的特点。

思考题：

应用文与我们之前所学的文学文体（记叙文、说明文、议论文、小说等）一样吗？

第二节　应用文写作的基本要素

一、应用文的主旨

（一）主旨的概念和作用

1. 主旨的概念

主旨是指作者在说明问题、发表主张或反映社会生活现象时，通过文章或作品的全部内容表达出的基本观点，是文章的叙写、议论目的。

2. 主旨的作用

主旨是文章和作品的灵魂，决定文章和作品的质量高低、价值大小、作用强弱，是文章和作品的统帅。

（二）应用文主旨的特点

我们来通过对比文学文体来看一下应用文主旨的特点，如表1-1所示。

表 1-1　应用文与文学文体的对比

应用文	文学文体
主旨唯一，无论何类别读者读同一篇应用文只能得出一个结论	仁者见仁，智者见智
主旨明确，大多数应用文主旨都呈现在标题或开头及其他部分	需要分析归纳
主旨客观，具有团体性。除个人事务应用文外，大多数应用文主旨表达的是机关或团体的集体意愿，并非个人意愿	表达了个人的喜怒哀乐

(三) 应用文主旨的表达方式

1. 标题显旨

即在文章标题中直接表达主旨。如《国务院关于2017年春节放假安排通知》。

2. 篇首点旨

这种方法开门见山，立意明确。主旨句常以介词结构"为了……"为特征，通知、通报、报告等常用此方法。如某市下发的《关于进一步加强犬类宠物管理工作的通知》的开头：

"为切实加强我市犬类宠物管理工作，根据《武汉市养犬管理条例》和《市人民政府办公厅关于建立市宠物及实验动物管理工作联席会议制度的通知》精神，现就全市限养区内犬类宠物管理工作有关要求通知如下……"

3. 篇末结旨

（1）开篇提出问题；正文阐明内容；篇末点名主旨。
（2）开篇阐明目的、主张等，结尾对问题做结论，首尾呼应，深化主旨。
例如某公司的一篇通报：

关于处理周末报餐行为的通报：

兹有生产部××车间针修员工×××、×××自公司提供周日用餐福利以来，经核查在××年××月××日和××月××日期间，该两名员工均未按照周末报餐和用餐规定进行吃饭和刷卡，其行为是明知故犯，无视公司管理规定，严重影响公司相关管理纪律。但念其是该规定实施以来首次违反且认识错误态度较好，为严肃周日报餐管理纪律，警戒他人，杜绝类似现象的发生，根据周末报餐有关规定，经公司生产部管理层研究决定，现对该两名员工的违规行为在公司范围内予以通报批评。希望公司全体人员以此为戒！在周末报餐中严格遵照规定报餐和用餐，如再发生类似现象，公司将给予严肃处理！

特此通报！

××××文化产业有限公司
2017年3月11日

4. 小标题显旨

将主旨分解成几个部分，分别用一个小标题显示。

二、应用文的材料

(一) 材料的概念

应用文有个核心——它的主旨，那又是什么在支撑着它呢？就好比人的血肉支撑人的行动一样，材料是构成应用文的要素之一。

所谓材料，就是写作应用文时，用于收集、提炼、确立、表现主旨的事实和观念。它一般包含如下两种含义：

（1）作者在写作前收集、积累的各种事实、数据、意见、观点、经验、问题以及上级有关指示精神。

（2）经过选择，写进文稿中的表现主旨的所有材料。

（二）选择材料的标准

1. 真实

应用文是用来解决实际问题，解决处理个人或集体事务的，为了确保它有一定的说服力并能有效地解决问题，材料必须要真实有效。但近年来，造假数据，伪造信息等被"污染"的材料络绎不绝，给各个行业带来了不可估量的损失。

2. 切题

材料要有针对性，紧贴写作主旨，一旦要有相去甚远的或者背离的，要坚决摒弃，否则不只是为应用文添加累赘，更可能伪造了事实。

3. 典型

"你记忆中快乐的事"和"你记忆中最快乐的事"，这两种说法看起来相似，但后一种却是一种本质。应用文的材料也一样，我们要挑选或总结出揭示事物的本质。材料不典型，也会影响应用文本身的说服力继而让其目的难以实现。

（三）常用的材料处理方法

1. 类化法

这种方法是通过确立反映事物本质特征的、与分类目的相适应的标准，将纷繁复杂的材料进行梳理归类。

2. 筛选法

这种方法是对材料进行鉴别、筛选，从纷繁复杂的材料中找到最切合主旨的材料。

3. 撮要概述法

这种方法对叙述性的事实材料，往往保留主干，抓住要点，理清线索，剔除细节，变描写、详述为略述、概述，只要求简要交代事件的概貌和实质，而不求像文学作品那样细腻传神、形象感人。

4. 截取法

这种方法选用一个完整事件的片断或完整事物中的部分以表现观点的一种处理材料。

5. 点面结合

应用文运用"点"上的材料说明公务活动中的特殊情况和典型事物，阐明事物的深度，让人了解局部情况；运用"面"上的材料反映公务活动的普遍现象、一般规律，说明事物的广度，给人总体印象。具体写作时，"点"上的材料要详写，"面"上的材料要略写。

6. 对比法

有比较才有鉴别。应用文在说明情况、叙述事实时常常运用正反对比，今昔对比，新旧对比，先进与落后对比，既定目标和完成实际对比，数据对比，点面情况对比等。

通过材料的对比来说明主旨，反映情况的发展变化，揭示事物的差异，强调重点内容，使主旨鲜明突出，具有说服力。

三、应用文的结构

(一) 结构的含义与作用

结构相当于骨架，起到了"造型"的作用。它是应用文内容的组织和构造，可以说一篇应用文能不能充分、完整、清晰地表现出来，结构起着主要的作用。

(二) 应用文结构的构成要素

1. 标题

应用文的标题大致分为两种，一种是公文式标题，另一种是新闻式标题。其中新闻式标题分单行标题、双行标题和多行标题。每种标题在不同应用文中成分和可省略部分是有区别的，所以我们会在之后具体分析。

2. 主送机关

主要用于公文中，是指直接受理公文的机关或团体，需要在标题下空一格顶格写。

3. 正文

一般的应用文是由开头、主体、结尾三部分组成。但行政公文往往存在特定、内在的路基联系，这种逻辑表现为一定的排列顺序：依据→目的→文种承启语→事项→要求。我们来看个例子：

辽宁省人力资源和社会保障厅关于调整全省最低工资标准的通知

辽人社〔2016〕312号

各市人民政府、省政府各厅委、各直属机构：

根据《最低工资规定》（劳动和社会保障部第21号令）和《辽宁省最低工资规定》《辽宁省人民政府第177号令》，并综合考虑全省城镇居民生活费用支出、职工平均工资、失业率、经济发展水平等因素。经省政府同意，对全省最低工资标准进行调整，现公布如下：

一、月最低工资标准

一档标准为1 530元，二档标准为1 320元，三档标准为1 200元，四档标准为1 020元。

二、小时最低工资标准

一档标准为15元，二档标准为13元，三档标准为10.8元，四档标准为9.5元。

各市政府要根据《辽宁省最低工资规定》和调整后的辽宁省最低工资标准调整本市最低工资标准，请于本通知下发之日起一周内报省政府批准。

调整后的最低工资标准从2016年1月1日起执行。

辽宁省人力资源和社会保障厅

那么在这个行政通知里，上述所说的每一部分都分别在哪里？请认真思考一下。

4. 签署

应用文的正文结束后,在正文右下角签署上单位名称、印章、签名。

5. 日期

日期通常标在正文右下方,右空四格。如果有签署,日期标在签署的正下方。用阿拉伯数字将年、月、日标全,年份标全称,月、日不编虚位(即01)。如2017年2月14日。

(三) 应用文结构的内容

1. 层次

(1) 并列式

各层次所表达的意思之间是并列关系,没有主次之分,常表现为分几个从属主旨或几个问题来说明基本主旨。规章制度的具体规定,请示的几个方面理由,报告的多方面情况,计划的任务,总结的经验、评价等,多采用并列方法写作。例如下面这篇策划书——《校园环保活动策划书》。

校园环保活动策划书

一、活动背景

随着世界各国经济的迅速发展和生产力水平不断提高,人类对环境的影响越来越大,环境问题已日益突出和尖锐化。严重的生态破坏和环境污染问题已成为当代人类社会面临的重大问题。

二、活动目的

(1) 增强我校学生参与环保的意识;

(2) 保护我们学校以及周边的环境;

(3) 培养学生养成爱护环境,保护环境的意识;

(4) 增强全校师生的环保意识。

三、活动流程

(1) 活动时间:10月中旬到11月中旬。

(2) 活动地点:圆形报告厅、食堂门口、大学生活动中心。

(3) 具体活动:

流程一:首先,播放影片和图片,影片和图片内容紧扣环境保护的主题。

备注:观看影片30~40分钟。影片观看结束后,现场的同学们要互动起来,即现场征集同学们关于环境保护的看法,以及日常中保护环境的方法。

流程二:通过观看影片后培养了大家的环境保护意识,我们在二食堂门口举行"校园环保行"签名活动,以吸引更多的人关注环境保护。

流程三:放映一部以环保为主题的电影,电影预计时长为90分钟以内,电影由办公室提供。本次活动中设置有奖竞猜活动,由主持人提出问题然后由现场观众作答。

流程四:环保知识PK赛。

① 展示自我风采。每队通过不同的方式自我介绍,展示该代表队的风采。

② 比赛过程。共分为五个环节,分别为必答题、限时抢答题、灌篮高手、指定答题、风险题。现场有奖问答及抽奖活动,文艺表演。

四、经费预算

喷绘海报四幅：50元×4＝200元；

会场费：100元；

横幅3条：50元×3＝150元；

优胜选手奖品：一等奖1名200元奖品、二等奖2名160元奖品、三等奖3名150元奖品。

合计：960元。

××大学青年志愿者会
××××年××月××日

（2）递进式

递进式通常被称为层层深入式结构，即各个层次间表现为逐层深入的"递进"关系，各个层次间有先后、主次之分，常表现为由浅入深、由先到后、由表及里地说明事物，表现主旨。请示、报告、通报、总结、计划、经济活动分析报告、司法文书等常用这种结构方式。

（3）总分式

这种安排层次的方式一般表现为"先总说、再分说""先分说、再总说"等方式。一般先提出问题，交代背景，然后从几个方面进行分析、阐述，最后归纳总结，得出结论。总分式结构包括三种形式，即先总后分、先分后总和总分总。

（4）综合式

综合式按事情发展的经过和时间先后顺序安排层次，一般是以一种结构方式为主，兼有其他结构方式安排层次，使各层前后贯通，合为一体。

2. 过渡和照应

（1）过渡

过渡是指层次与层次、段落与段落之间的衔接形式或手段，是使应用文内容贯通一气，把读者的思路顺利地由一段意思过渡到另一段意思，由一层内容过渡到另一层内容，使应用文层次、段落清晰，结构严谨、结实。

（2）照应

照应又称"伏应"，是应用文上下、前后的呼应、关照，即通常所说的前有所呼、后有所应的结构方法。常表现为：交代在前、照应在后；暗示在前、挑明在后；伏笔在前、主笔在后等。合理、巧妙地使用照应方法，可以使文脉贯通，章法灵活紧密，使应用文的内容得到强化，给读者留下深刻的印象或某种启迪。

3. 开头与结尾

（1）常见的开头方式

① 目的式。常用介词"为""为了"等领起。

② 根据式。常用"根据""按照""遵照"等领起下文。

③ 原因式。常用"由于""因""鉴于"等引出原因或简述某种情况作为原因，再引出写作目的。

④ 概述式。在开头部分对文章内容的背景、基本情况、主要内容加以概述。

⑤ 结论式。讲结论、结果先作交代，再由果溯因。

⑥ 提问式。开篇提出问题，然后引起下文，常见于调查报告的写作。

⑦ 引述式。常用于有具体规定格式的文体中，如"合同"，或引述下级来文、上级指示精神，或有关政策法规，以此作为撰文的依据。如批复、函等常采用这种方式。

（2）常见的结尾方式

① 自然收尾式。在主体部分写完之后，事尽言止，自然收结。

② 总结归纳式。在主体写完后，对全文的主旨进行简要的概括，总结全文。

③ 强调说明式。在应用文的结尾处，对全文的主旨意义进行强调，以引起读者的注意。

④ 希望号召式。在结尾部分提出希望，发出号召，展望未来，以鼓舞斗志。

⑤ 专门结尾用语式。在结尾处，采用特定的用语结束全文。如请示、报告、通告、批复、函等。

四、应用文的语言

（一）语言的概念

应用文的语言就好比人的经络，经络不通，人常有病，而语言不通往往会让应用文也"生病"。语言是应用文写作的工具，是写作思维的直接体现。

（二）语言的要求

1. 语言表达要准确

（1）词语运用要准确

① 注意同义词、近义词的区别。同义词、近义词之间有许多细小的区别，但不能含糊不清地乱用，避免产生歧义，要谨慎辨析。例如，公证、鉴证和见证。

公证：公证机构根据法人、自然人或其他组织申请依照法定程序对民事法律行为，有法律意义的事实和文书的真实性、合法性予以证明的活动。

鉴证：工商行政管理机关审查合同的真实性、合法性的一种监督管理制度。

见证：证人或证物/亲眼目睹可以作证。

② 使用书面语言，不用口语。例如，"父亲""母亲"不能写成"爸爸""妈妈"；"妻子"不能用"媳妇""亲爱的""内人"来表达。

③ 使用标准语言，不用方言。例如，一般不用"那嘎达""歹饭""脑壳""老油条"等。

④ 注意词语的感情色彩。应用文在用词语表达意思时，除了注意它的本义外，还需要注意词语的感情色彩问题。感情色彩除传统所认定的褒义、贬义等类型之外，还应有恐怖、喜悦、痛苦、悲凉等情感类型。如"英明""英雄"等词含褒义感情色彩；"奸臣""腐败"等词含贬义感情色彩；"骷髅""僵尸"含恐怖感情色彩；"成功""捷报"等含喜悦感情色彩；"失败""失恋"等含痛苦感情色彩；"秋风""落叶"含悲凉感情色

彩等。之外，还有不能体现特殊情感倾向的中性感情色彩，如"山""水""跑""走"等。

(2) 成句要规范

应用文使用句子时要避免病句错句。具体来说，要做到以下几点：

① 成分完整。应用文的句子长短不一，但结构要完整不能出现成分残缺的情况。

例如："我们必须努力学习，认真观察分析问题的习惯。"这里的"习惯"并不能作为"观察分析"的宾语，应在"认真"前面加上"养成"，这样句子成分才完整。

② 逻辑清晰。例如："谁也不会否认，鲁迅先生不是中国新文学的奠基人。"句中的否定意义词有三个，利用"否否得肯"的原理，最后得出的还是否定意义，这样整个句子意思也都改变了，所以应该用"是"替代"不是"这个词。

③ 正确使用标点。例如："你是喜欢李白的诗呢？还是喜欢杜甫的诗？"乍看这句话没什么语病，但其实不然，问题就在于这个问号。这个句子中的第一个问号需改为逗号。选择问句中多加问号是将与它连续问混为一谈了。凡是分句间有关联词"是……还是……"的，或者能加上"是……还是……"的是选择问，只能在句末用一个问号。不能加的则是连续问，每个问题都应加问号。

又如，①为了子孙后代，为了中华民族，他们成了"盗火的普罗米修斯。"②李白的诗多豪迈："君不见黄河之水天上来，奔流到海不复回"。这两句属于后引号与句末点号位置错误。第一句最后标点应为"。"。而第二句最后标点应为"""。

2. 语言要简洁概括

应用文的语言要惜墨如金，冗长的文章会掩埋主题混淆视听，浪费了阅读时间也降低了办事效率，违背了应用文的实用性特点。

3. 数字的使用

(1) 准确

在应用文材料里面，很多时候会用数字来作为数据基础，因此准确、恰当地使用数字不仅可以增强文章的真实性与说服力，还能让读者更直观地深入其质，起到一般文字无法代替的作用。

常用的数字有基数、序数、分数、倍数、定数、约数等，具体如下。

① 基数"二"和"两"。

这两个数很多情况下表示同一概念，但在用法上还是有所区别。序数、小数、分数只能用"二"，不能用"两"。如"第二""二分之三""二点二"。另外，概数和一位数的基数用"两"，不能用"二"。如"过两天"不能写成"过二天"。"两个人"不能写成"二个人"。

② 倍数与分数。

倍数只能用于增加，不能用于减少；分数既能用于增加，又能用于减少。例如，"我在淘宝网上买的一件衣服价钱比在实体店减少了50%。"那么换成增加应该怎么说呢？

③ 定数与约数。

定数表示肯定的数，如2、2/3、2倍等；约数表示不确定的数，如"22左右""32上下""40来斤"等。在书写时，不能把定数和约数杂糅在一起，否则就会出现病句。

④ 增加和减少。

说明数字的变化，主要用"增加"和"减少"。增加时，要把除原数以外的"增加数"和增加后的"和数"表述准确；减少时，要把除原数外的"减少数"和减少后的"差数"表述准确。

⑤ 以上和以下。

我们常用"以上"和"以下"等词语来给数目分界。习惯上，"以上"或"以下"等词语已包括先前的本数在内，不能把本数排除在外，更不能在同一篇文章中时而包括前面的本数，时而排除本数，含糊不清。用"不足、不满、不够、不到、小于"等词同"以上"配搭，包括本数；用"超过、大于、多于、满"等词同"以下"配搭，也包括本数。在写作中，要特别注意"以上"和"以下"连用时的正确表达方式。

（2）规范

① 书写年、月、日时，可以使用阿拉伯数字。年份不可简写，如"2017年"不能写作"17年"。而书写星期几时，一律用汉字，如星期五。

② 计数与计量，一般用阿拉伯数字。书写时，四位以上的整数或小数，有以下两种写法：一是整数部分每三位一组，以"'"（千分撇）分节。小数部分不分节。二是从小数点起，向左和向右每三位数字一组，组间空1/4个汉字，即1/2个阿拉伯数字的间隙。非科技专业文件目前可不分节。

③ 五位以上的阿拉伯数字，尾数零多的，可改写成以万、亿作单位的数。一般情况下，不得以十、百、千、十万、百万、千万、十亿、百亿、千亿作单位。

④ 不是用来表示科学计量的、不具有统计学意义的一位数（一、二……九），可以用汉字来表示。如一桶水、五个网站、七个小矮人。

⑤ 数字作为词素构成定兴的词、词组、惯用语、缩略语等时，书写时应当用汉字。如"十一六"规划、七夕、七七事变、四书五经。

⑥ 邻近的两个数字（一、二……九）并列连用，表示概数（连用的两个数字之间不得用顿号隔开），书写时应当用汉字。如三四天、四五十斤、八九十岁。

思考题：

（1）有人说应用文就是写作文，这点你同意吗？为什么？
（2）应用文在收集材料时需要注意什么问题？
（3）应用文的主要结构有哪些？
（4）应用文的结构构成要素有哪些？

第三节　应用文的写作思路

一、思路的概念

思路是思维运行的轨迹。应用文的思路，就是作者在构思文章脉络时有条理、有规律、有逻辑思维过程的"路线"，是一种统观大局的结果。

二、应用文常用思路

(一) 归纳和演绎思路

1. 归纳

归纳,是指归拢并使有条理(多用于抽象事物),也指一种推理方法,由一系列具体的事实概括出一般原理(与"演绎"相对)。

归纳思路通常采用完全归纳法、科学归纳法和简单枚举法三种。

(1) 完全归纳法

完全归纳法是穷究同类事物中所有个别事物的共同属性,推出普遍性结论的方法。这种方法不允许漏掉任何一个性质相同的个别事物。

我们来看一个命题:

太平洋已经被污染了;

大西洋已经被污染了;

印度洋已经被污染了;

北冰洋已经被污染了;

地球上的所有大洋都已经被污染了。

在这个命题中,前提有四个,最后得出结论,如果只是对照着完全归纳法的定义来判断这个命题的归纳方法可能会有所困难,所以我们再来看一个完全归纳法的表述方式:S1 是(或不是)P;S2 是(或不是)P;S3 是(或不是)P;……,Sn 是(或不是)P(S1,S2,S3,…,Sn 是 S 类的全部对象)。所以,所有的 S 都是(或不是)P。

回到刚才的那个命题,S 代表着个别事物对应前提中的太平洋、大西洋、印度洋和北冰洋,它们有着共同属性 P 即已经被污染,最后推出普遍性结论"所有大洋都已经被污染了"。还需注意的一点是,这里的前提是否已经涵盖了结论中的所有性质相同的个别事物,也就是说前提提到的四个大洋是不是就是地球上的所有大洋了,是否有所遗漏,当然在这个命题里是没有遗漏的。

(2) 科学归纳法

科学归纳法是在科学研究中运用归纳方法提出和建立假说,在实验基础上抽象和概括事物之间关系的一种科研方法。它是一种由个别到一般、从特殊到普遍、从经验事实到事物内在规律性的认识手段和模式。

科学归纳法有很多形式,在形式逻辑中有完全归纳法和不完全归纳法。科学完全归纳法是从全部对象的一切情形中,得出关于全部对象的一般结论。数学上的列举法就是一种完全归纳法。例如,根据直角三角形的内角之和等于180°,钝角三角形的内角之和等于180°,锐角三角形的内角之和也等于180°,从而推出所有三角形的内角之和都等于180°。不完全归纳法是从一个或几个(不是全部)情形的考察中做出一般结论。

(3) 简单枚举法

简单枚举法是根据部分对象具有的某种属性,概括出一般结论的推理方法。例如,作物测产和种子发芽率的抽样测定,就是认定它一概如此而推算出来的结论。

2. 演绎

所谓演绎，从前提必然地得出结论的推理；从一些假设的命题出发，运用逻辑的规则，导出另一个命题的过程。

（二）总分思路

总分思路是运用综合和分析两种思维方法所形成的文章思路。分析和综合是两种最重要的辩证思维方法，因此，总分思路在公文写作中也是最为常见的思路。

分析就是把事物分成若干部分，分别加以研究，也就是由总到分，化整为零。对实体事物就是分解，对抽象事物分类地剥离就是剖析。综合就是把事物的各个部分联合起来，从整体上加以考察，也就是由分到总，集零为整。对实体事物就是组装，对抽象事物就是概括。

（三）因果思路

因果思路是运用探因和寻果的思维方法形成的文章思路。任何事物或现象与有关事物或现象都有一种因果联系，有果无因、有因无果的事物或现象是不存在的。探因和寻果正是发现事物间必然逻辑联系的一种思维方法。可以由因及果，先分析事情发生的原因，再推导出必然结果、结局、影响或发展态势。也可以由果溯因，先摆出事情结果或现状，再探究导致这种结果或现状的原因、条件或根据。在公文写作中，从写作意图和考虑接受心理出发，较多采用由果溯因的思路。

（四）比较思路

比较思路是运用比较和鉴别的思维方法形成的一种文章思路。人们认识一切客观事物，总是通过比较来实现的。有比较才有鉴别，比较是一切理解、一切思维的基础。比较就是确定事物之间的差异和相似，鉴别就是辨析、判定，它是比较的结果。比较和鉴别是在事物的相互关系中认识事物本质属性的一种极为重要的思维方法。

（五）递进思路

递进思路是运用递进思维方法形成的一种文章思路。递进思维是认识事物或事理由浅入深、由表及里、由低到高、由小到大、由轻到重，层层递进，循序渐进，逐步深入的一种思维方法。运用这种方法，可以深入、清晰地阐释某些比较复杂的事理，说明某些比较复杂的关系，有助于深刻认识事物的本质属性，使文章有一定深度。因而一些说理性较强的公文常循此法形成文章思路。或者是认识问题的由浅入深层层推进，或者由提出问题——分析问题——解决问题。

科学小贴士：

达尔文的进化论是用不完全归纳法推理出来的，我们为什么说他的观点正确呢？因为，达尔文用不完全归纳法得出进化论依据了大量的事例，而且迄今尚未有反例。

第二章 礼仪文书

第一节 请　柬

请柬上一般应注明宴请的主题、形式、时间、地点、主人的姓名、对服饰的要求、回复等内容。请柬的信封上必须清楚地写明客人的姓名、职务，信封角上还要写上席次号（Table No.××）。请柬行文不用标点符号，其中的人名、单位名、节日名应尽量采用全称。请柬印刷或书写均可。书写时，要求字迹清晰美观。

一、请柬的含义

请柬是在商务活动中邀请宾客参加某一活动时以书面形式告知对方的卡或贴。请柬表明邀请者对被邀请者的尊重，也表示邀请者对此事的郑重态度。请柬通常在双方都认为合适的时候发送。

请柬一般有两种样式：一种是单面的，直接由标题、称谓、正文、敬语、落款构成；另一种是双面的，一面为封面，写"请柬"二字，另一面为封里，写称谓、正文、敬语、落款等。

二、请柬的内容

请柬的内容一般由标题、称谓、正文、敬语、落款五部分组成。在形式上可以采用横式或竖式两种写法，横式写法是从上向下写，竖式写法是从右向左写。

（一）标题

标题要求写在请柬的封面。单柬帖，"请柬"二字写在顶端第一行，字体较正文稍大。双柬帖，"请柬"二字写在封面，可以做些艺术加工，例如，名家书法、字面图案装饰等。

（二）称谓

在顶格写出被邀请（单位或个人）的名称或姓名，后用冒号。如"××单位:"姓名后要注明职务或职称，如"××教授:"

（三）正文

这是最重要的部分，请柬内容用词要准确、精练、热情、恳切。要写明活动的内容、时间、地点及其他应知事项，例如，"请准备好发言"等。

（四）敬语

在请柬中要使用恭候语或问候语，例如，"敬请（恭请）光临""顺致崇高的敬意"等。

（五）落款

落款要署上邀请单位或个人姓名及发柬日期。

三、请柬的写作要求

（一）言辞要优雅隽永

力求字字珠玑，忌粗俗无礼。

（二）内容要准确精练

力求通俗精练，忌拖沓冗长。

（三）制作协调整美观

在纸质、款式和装帧设计上，做到美观大方。

案例：

请柬

尊敬的××先生：

为了促进我国互联网产业的健康发展，中国××协会定于××××年××月××日，在南京召开"2012中国×××论坛暨第二届中国×××大会"。邀请互联网有关专家与相关行业网站负责人，发表对促进互联网网站发展的看法和建议，为下一步发展打好基础。

特邀请您莅临来访。

中国××××大会组委会
××××年××月××日

思考题：

你的公司要举办周年庆典，拟邀请相关合作公司前来参加，请代表公司拟一份请柬。

第二节　开幕词、闭幕词

一、开幕词

（一）开幕词的含义

开幕词是在一些大型会议或活动开始时，由会议主持人或主要领导人所做的开宗明义的讲话。开幕词主要阐明会议或活动的性质、任务、要求和议程安排等，集中体现了大会或活动的指导思想、宗旨、重要意义，还可以对来宾表示欢迎和感谢。开幕词是一个必不可少的程序，标志着会议或活动的正式开始，对保证会议或活动的圆满成功有着重要意义。开幕词具有宣告性、提示性和指导性等特点。

（二）开幕词的种类

按内容划分，开幕词一般可以分为两种，即侧重性开幕词和一般性开幕词。侧重性开幕词通常是对会议召开的历史背景、重大意义或会议的中心议题等重点阐述，其他问题简单阐述；一般性开幕词只是对会议的目的、议程、基本精神、来宾等作简要概述。

（三）开幕词的内容

通常由标题、称谓及正文三部分组成。

1. 标题

通常有三种写法：一是由事由和文种构成，如《××××国际艺术节开幕词》；二是由致辞人、事由和文种构成，如《××××博览会上的开幕词》；三是复式标题，主标题揭示会议的宗旨、中心内容，副标题与前两种标题的构成形式相同，其形式如《我们的文学应该站在世界的前列——中国作家协会第四次会员代表大会开幕词》。

2. 称谓

称谓一般写在标题下行顶格，称谓通常用"同志们""朋友们""各位代表"等，如有特邀嘉宾，可写作"尊敬的××先生/女士"。称谓要根据参加对象的情况而定，当称呼对象较多时，可分类别称呼并分行书写。如：

"尊敬的同志们：

各位领导、各位嘉宾、女士们、先生们、朋友们："

3. 正文

正文一般包括开头、主体和结尾。

开头往往是宣布会议开幕之类的言辞，如"××××大会现在开幕。""《维也纳公约》缔约方大会第五次会议和《蒙特利尔议定书》缔约方大会第十一次会议部长级会议在北京隆重开幕！大家聚集一堂，共商保护地球的具体行动，具有十分重要的意义。"需要说明的是，开头部分要单独列为一个自然段，将其与主体部分分开。

主体部分一般包括：会议的筹备和出席会议人员情况、会议召开的背景和意义、会议的性质和目的、会议的主要议程及要求、本次会议活动的主要任务等。如"参加这次大会的代表有×××人，他们分别来自××××""本次大会的目的是××××，主要任务是为了××××，主要议程包括：××××""我代表×××对大会表示衷心的祝贺！对与会的各位代表和来宾表示热烈的欢迎！"

结尾部分通常预祝会议活动圆满成功。如"预祝××××大会圆满成功。祝各位在北京愉快。谢谢！"

（四）开幕词的写作要求

一是简明性。开幕词篇幅不要太长，快速切入正题，要结构紧凑、简洁明了，切忌长篇累牍，言不及义，内容切忌重复。行文要明快、流畅，充满热情，生动活泼。二是口语化。语言朴实、准确、简练，语言应该详略得当，通俗易懂、朗朗上口。语气要热情、友好。

案例：

2008年北京奥运会开幕词

各位代表、各位来宾，同志们：

在全国人民以巨大的热情认真贯彻奥林匹克精神的大好形势下，一百多年的梦想终于实现。在世界各地体育事业专家、教授、学者沐浴春风、辛勤耕耘、踌躇满志地迈出新的步伐的时候，我们第29届中国北京奥运会开幕了。在此令13亿华夏儿女欢欣的美好时刻，我们向生活、工作、奋斗在世界各地的奥委会员和所有体育工作者，表示亲切的问候，向当选并出席本次奥运会的全体代表，表示热烈的祝贺，向光临奥运这一民族盛事的国家领导及各方贵宾表示热忱的欢迎和诚挚的感谢！

出席本次奥运会的24个国家和地区的398名代表以及4 200多名运动员参加，来自世界各地，代表着世界几万名会员，代表着一支属于现在、更属于未来的体育将军。今天我们大家在鸟巢欢聚一堂，共商发展和繁荣世界体育的大计。按照大会预定的议程，同志们在奥运会期间，要认真学习奥运精神，简单来讲，奥运倡导的不仅仅是竞技荣誉，更为重要的是和谐发展。认真参赛，听取各国领导的讲话，深刻领会奥林匹克精神，从体育事业兴旺发达和民族振兴的高度，充分认识体育建设的重要性和迫切性，进一步明确体育工作的前进方向与美好前景，树立信心，鼓足干劲，为世界体育的发展与繁荣做贡献。我们这次代表大会还将审议通过第二十九届常务理事会的工作报告，讨论修改奥运会章程，并按照新的会章选举产生第三十届奥委会和主席团，以及宣布第三十届奥运会的主办者。我们每位代表要认真履行自己的光荣职责，完成奥运会的各项任务，促进奥运会圆满成功。

同志们，从1979年恢复席位以来到2004年，中国体育健儿已经参加6届夏季奥运会，获得了112枚金牌、96枚银牌和78枚铜牌。中国还参加了8届冬季奥运会，一共获得了4枚金牌、16枚银牌和13枚铜牌。中国运动员在奥运赛场上的出色发挥，证明

了我国竞技体育的实力和水平。现在，在中华民族全面振兴、迎来光辉灿烂新纪元的历史时刻，振兴中华体育、再创世界体育辉煌的历史责任落在了我们肩上！

2008年中国北京奥运会，这是伟大的历史使命，是需要我们呕心沥血为之奋斗才能实现的艰巨目标！体育教练的肩膀，这头压着时代的重任，那头挑着人民的厚望，我们是极为活跃的文明创造力。体育是我们生命的活力所现。第29届中国北京奥运会也为体育运动员施展才华，提供了广大的舞台和很好的条件。在这样的舞台和很好的条件下，我们要实事求是地制定规划，满怀信心地赛出水平、赛出风格。体事恰如长江水，后浪永远推前浪。在四年后的第30届奥运会中，面对充满挑战的21世纪，我们更要紧握风云百年的奠基，以更高的成绩突破2008年中国北京奥运的今天！

同志们，我们这次奥运会一定要发扬民主，加强团结，相互勉励，交流经验，明确目标，脚踏实地，鼓足干劲，把这次奥运会办成民主、团结、和平、鼓劲、繁荣的大会，办成振兴中华、再创辉煌的民族誓师盛事，办成世界奥运会史上一次具有突破性意义的盛会。

预祝大会圆满成功。谢谢大家！

二、闭幕词

（一）定义

闭幕词，是会议的主要领导人代表会议举办单位，在会议闭幕时的讲话。其内容一般是概述会议所完成的任务，对会议的成果做出评价，对会议的经验进行总结，对贯彻会议精神提出要求和希望。

（二）特点

闭幕词与开幕词一样，具有简明性和口语化两个共同特点，其种类与开幕词相同。凡重要会议或重要活动，与开幕词相对应，一般都有闭幕词，这是一道必不可少的程序，标志着整个会议或活动的结束。闭幕词通常要对会议或活动做出正确的评估和总结，充分肯定会议或活动所取得的成果，强调会议或活动的主要精神和深远影响，激励有关人员宣传会议或活动的精神实质和贯彻落实有关的决议或倡议。

1. 总结性

闭幕词是在会议可活动的闭幕式上使用的文种，要对会议内容、会议精神和进程进行简要的总结会并做出恰当评价，肯定会议的重要成果，强调会议的主要意义和深远影响。

2. 概括性

闭幕词应对会议进展情况、完成的议题、取得的成果、提出的会议精神及会议意义等进行高度的语言概括。因此，闭幕词的篇幅一般都短小精悍，语言简洁明快。

第二章 礼仪文书

3. 号召性

为激励参加会议的全体成员实现会议提出的各项任务而奋斗，增强与会人员贯彻会议精神的决心和信心，闭幕词的行文充满热情，语言坚定有力，富有号召性和鼓动性。

4. 口语化

闭幕词要适合口头表达，写作时语言要求通俗易懂且生动活泼。

（三）写作方法

闭幕词由标题、称呼和正文三部分组成，标题与称呼的写法与开幕词基本相同。在标题和称谓之后，另起一段首先说明会议已经完成预定任务，现在就要闭幕了；然后概述会议的进行情况，恰当地评价会议的收获、意义及影响。核心部分要写明会议通过的主要事项和基本精神；会议的重要性和深远意义；向与会人员提出贯彻会议精神的基本要求等。一般来说，这几个方面的内容都不能少，而且顺序是基本不变的。写作时要掌握会议情况，有针对性地对会议内容予以阐述和肯定；同时可以对会议未能展开但已认识到的重要问题做出适当强调或补充；行文要热情洋溢，文章要简洁有力，起到激发斗志、增强信念的作用。结尾部分一般先以坚定语气发出号召，提出希望，表示祝愿等；最后郑重宣布会议闭幕。

闭幕词出现在会议终了，因此，要写得与开幕词前后呼应、首尾衔接，显示大会开得很圆满，很成功。

案例：

公司元旦晚会闭幕词

甲：迎着冬天的阳光，踏着春天的脚步，充满希望、充满生机的2017年已经向我们走来。

乙：一路欢歌，一路笑语，踏着青春的节拍，上海越卓会展服务公司专业上海桌椅租赁、上海舞台搭建、上海年会舞台搭建、上海灯光音响租赁、年会场地布置、灯光音响租赁、开业庆典、周年庆典等向春天走来。

甲：走进春天，走进蓬勃的希望，每一颗青春的心都焕发出缤纷的色彩。

乙：走进春天，走进时尚的动感地带，世界在我们眼前灿烂地舒展开来。

甲：激扬着青春的风采，万物在和风细雨中欣然等待，在翘首期盼中安然抒怀。

乙：让我们继续去播种春天的希望，拥抱盛夏的热情，收获金秋的硕果，感受暖冬的温暖。

合：因为越卓会展的明天会更加美好！

甲：最后，让我们一起高歌——明天会更好！

乙：各位领导、各位同事，越卓会展2017年元旦联欢晚会到此结束。

甲：祝大家身体健康，工作顺利，事事顺心。同事们，明年再见！

思考题：

学校要举办一年一度的校运动会，请你拟一份开幕词。

第三节 演讲词

一、演讲词的含义、特点和分类

(一) 含义

演讲词,是指在重要场合或群众集会上发表讲话的文稿。在各种会议上,它用来交流思想,表达感情,发表意见和主张,提出号召倡议。

(二) 特点

1. 针对性

撰写演讲词,要考虑听众的需要,讲话的题目应与现实紧密结合,所提出的问题应是听众所关注的事情,所讲内容的深浅也应符合听众的接受水平。同时,演讲又要注意环境气氛,既要注意当时的时代气氛,又要了解演讲的具体场合:是庄严的会议或重大集会,是同志间的座谈和讨论问题;是欢迎国宾,还是一般的友人聚会。不同的场合,演讲有不同的内容和不同的讲法。

2. 鲜明性

演讲的内容不能只是客观地叙述事情,还必须表明自己的主张,阐明自己的见解。赞成什么,反对什么,表扬什么,批评什么,均应做到立场鲜明、态度明确,不能含糊。好的演讲总是以其精密的思想启发听众,以鲜明的观点影响听众,给听众以鼓舞和教育。

3. 条理性

要使讲话易被听众听清、听懂,就要条理清楚、层次分明,否则,所讲内容虽然丰富、深刻,但散乱如麻,缺乏逻辑性,也会影响讲话效果。

4. 通俗性

演讲的语言,总体说来应该通俗易懂,明白畅晓。要做到这一点,关键是句子不要太长,修饰不要太多,不宜咬文嚼字,要合乎口语,具有说话的特点。同时,也应该讲究文采,以便雅俗共赏。

5. 适当的感情色彩

演讲既要冷静地分析(即晓之以理),又要有诚挚热烈的感情(即动之以情),这样才能使讲话既有说服力,又有鼓动性。

(三) 分类

1. 叙事型

叙事型演讲以叙述为主要表达方式,辅以适当议论说明和抒情。叙事演讲词通过对人物事件景物记叙描述,表达演讲者的思想感情,反映社会生活本质和规律。

2. 说理型

说理型演讲以议论为主要表达方式，它具有正确深刻的论点，使用确凿充足且具有说服力的论据，进行富有逻辑性的论证。

3. 抒情型

抒情型演讲以抒情为主要表达方式，在演讲中抒发演讲者爱恨悲喜等强烈感情，对听众动之以情，以"情"这把钥匙来开启听众心灵。

二、演讲词的格式

演讲词没有固定的形式，可以根据不同的对象、不同的时间以及所讲的问题自由灵活地安排结构方式。尽管如此，从众多的演讲词中仍可看出，其写作格式主要有标题和正文两部分。

（一）标题

标题的形式有三种：一是报刊编辑者在登报时加上去的，不是作者自己拟定的；二是由作者拟定正题，发表时编辑者再加上副题；三是作者拟定正题，题下注明作者姓名。

（二）正文

正文的结构，一般开头先是针对会者的称呼，接着开始讲话，要造成一种气氛，引起听众注意，控制会场的情绪。主体部分全面展开论述，突出讲话中心，把全部所要表达的内容逐层交代清楚，给观众留下深刻的印象，结尾部分总结全文，表明态度。

三、写作要求

（1）要弄清演讲的目的，就是为什么而讲，这是演讲词写作的前提；中心必须突出。

（2）要弄清听众，就是要弄清对什么人讲，这样才能根据听众的特点有的放矢，也才可能引起听众的共鸣。

（3）内容要新鲜，材料要充实，这样才能有吸引力，听众才会觉得有收获。

（4）结构要清晰，条理要层层展开，要有一以贯之的线索，这样才能有较强的逻辑性，也才会有较强的说服力和感染力；结构层次分明，脉络清晰。

（5）语言要生动，口语化，多用短句，流畅而有节奏，这样才适宜于演讲的氛围。

演讲是一听而过的，时间有限，所以一篇演讲词只能安排一个中心思想，并且要求中心突出。另外，演讲主要是通过语音表达，这就要求演讲词结构层次分明，脉络清晰了，这样听众才容易听懂演讲者所要表达的观点，也只有这样演讲才能取得预期效果。

四、写作方法

演讲词没有严格的、固定的格式，一般由标题、称谓、正文三部分组成。

（一）标题

演讲词的标题有如下两种写法：

（1）公文式写法。由会议性质、演讲内容和文种（演讲词）组成。如《庆祝新中国成立六十周年演讲词》《在东北亚贸易博览会上的演讲词》。

（2）新闻式写法。以揭示内容或目的为中心的鼓动性语言作标题。如《无声的中国》《科学的春天》。

（二）称谓

对听众的称谓即呼语。称谓根据听众的身份而定，一般用泛称，如"同志们、朋友们"，称谓后加冒号。

（三）正文

正文部分包括开头、主体和结尾三部分。

1. 开头

开头即开场白。开场白有两项任务：一是建立讲演者与听众的认同感；二是打开讲演的场面，引入正题。因此，开头一句要开门见山地提出全文的中心论点或主要内容，说明演讲意图。开场白一般有以下几种写法：

（1）悬念式

演讲开始，或提问题，或引出故事，设置悬念，激发听众的兴趣。

（2）名言警句式

利用名言警句做开场白，能够让听众易于接受，振奋精神。

（3）提问式

开场设问，引导听众积极思考。

（4）数字对比式

用数字、列表、画图进行对比，使听众的注意力更加集中。

（5）笑话谜语式

用笑话和谜语做开场白引路，吸引听众的兴趣，然后切入正题。

2. 主体

主体要突出和强调演讲的中心话题，不可轻重不分，面面俱到。写好这部分内容，应当做到：一是要有突出的中心思想；二是观点和材料要一致；三是安排好层次与段落的关系；四是注意文中的过度和照应。

演讲的方法可以有以下几种：

（1）叙述式

向听众陈述自己的思想、经历、事迹，转述自己看到、听到的他人的事迹或事件时使用。在叙述当中也可夹用议论和抒情。

（2）议论式

摆事实、讲道理，既有事实材料，又有逻辑推断，立场坚定，旗帜鲜明。

（3）说明式

对听众说明事理，通过解说某个道理或某一问题来达到树立观点的目的。

有一个集中、鲜明的主题是演讲词能否成功的关键。无中心、无主次、杂乱无章的演讲是没有人愿听的。一篇演讲稿只能有一个中心，全篇内容都必须紧紧围绕着这个中心去铺陈，这样才能使听众有深刻的印象。写好主体部分的内容，应做到：要有突出的中心思想；观点与材料要一致；安排好层次和段落的关系；注意文中的过渡和照应。

3. 结尾

结尾要总结全文，给听众留下深刻的印象。常见的演讲词的结尾有以下几种：

（1）启发式

即在演讲结束时，提出问题，可以给人以启示，使之留有思考的余地。

（2）赞美式

通过对所述的人物或事件，进行赞颂，激发听众的情绪。

（3）诗词式

用诗词做结尾，典雅而富有魅力。

（4）总结式

即在演讲的最后总结归纳自己的见解、主张，强调演讲的中心内容，给听众留下深刻的印象。

（5）号召式

提出充满激情给人以鼓舞的奋斗口号，发出号召。

（6）展望式

用展示美好前景的语言鼓舞听众。

五、写作类型

演讲词一般有叙事、说理、抒情三种类型。

（一）叙事型演讲词

以叙述为主要表达方式，辅以适当的议论、说明和抒情。叙事演讲词通过对人物、事件、景物的记叙和描述，表达演讲者的思想感情，反映社会生活的本质和规律。

（二）说理型演讲词

以议论为主要表达方式，它应具有正确、深刻的论点，使用确凿而充足的具有说服力的论据，进行富有逻辑性的论证。

（三）抒情型演讲词

以抒情为主要表达方式，在演讲中抒发演讲者的爱恨、悲喜等强烈的感情，对听众动之以情，以"情"这把钥匙来开启听众的心灵。

案例：

《讲故事的人》
(莫言诺贝尔文学奖演讲)

尊敬的瑞典学院各位院士，女士们、先生们：

通过电视或网络，我想在座的各位对遥远的高密东北乡，已经有了或多或少的了解。你们也许看到了我的九十岁的老父亲，看到了我的哥哥姐姐、我的妻子女儿，和我的一岁零四个月的外孙子。但是有一个此刻我最想念的人——我的母亲，你们永远无法看到了。我获奖后，很多人分享了我的光荣，但我的母亲却无法分享了。

我母亲生于1922年，卒于1994年。她的骨灰，埋葬在村庄东边的桃园里。去年，一条铁路要从那儿穿过，我们不得不将她的坟墓迁移到距离村子更远的地方。掘开坟墓后，我们看到，棺木已经腐朽，母亲的骨殖，已经与泥土混为一体。我们只好象征性地挖起一些泥土，移到新的墓穴里。也就是从那一时刻起，我感到，我的母亲是大地的一部分，我站在大地上的诉说，就是对母亲的诉说。

我是我母亲最小的孩子。

我记忆中最早的一件事，是提着家里唯一的一把热水壶去公共食堂打开水。因为饥饿无力，失手将热水瓶打碎，我吓得要命，钻进草垛，一天没敢出来。傍晚的时候我听到母亲呼唤我的乳名，我从草垛里钻出来，以为会受到打骂，但母亲没有打我也没有骂我，只是抚摸着我的头，口中发出长长的叹息。

我记忆中最痛苦的一件事，就是跟随着母亲去集体的地里拣麦穗，看守麦田的人来了，拣麦穗的人纷纷逃跑，我母亲是小脚，跑不快，被捉住，那个身材高大的看守人扇了她一个耳光，她摇晃着身体跌倒在地，看守人没收了我们拣到的麦穗，吹着口哨扬长而去。我母亲嘴角流血，坐在地上，脸上那种绝望的神情让我终生难忘。多年之后，当那个看守麦田的人成为一个白发苍苍的老人，在集市上与我相逢，我冲上去想找他报仇，母亲拉住了我，平静地对我说："儿子，那个打我的人，与这个老人，并不是一个人。"

我记得最深刻的一件事，是一个中秋节的中午，我们家难得包了一顿饺子，每人只有一碗。正当我们吃饺子时，一个乞讨的老人来到了我们家门口，我端起半碗红薯干打发他，他却愤愤不平地说："我是一个老人，你们吃饺子，却让我吃红薯干。你们的心是怎么长的？"我气急败坏地说："我们一年也吃不了几次饺子，一人一小碗，连半饱都吃不了！给你红薯干就很好，你要就要，不要就滚！"母亲训斥了我，然后端起她那半碗饺子，倒进了老人碗里。

我最后悔的一件事，就是跟着母亲去卖白菜，有意无意地多算了一位买白菜的老人一毛钱。算完钱我就去了学校。当我放学回家时，看到很少流泪的母亲泪流满面。母亲并没有骂我，只是轻轻地说："儿子，你让娘丢了脸。"

我十几岁时，母亲患了严重的肺病，饥饿，病痛，劳累，使我们这个家庭陷入了困境，看不到光明和希望。我产生了一种强烈的不祥之兆，以为母亲随时都会自己寻短见。每当我劳动归来，一进大门就高喊母亲，听到她的回应，心中才感到一块石头落了

第二章 礼仪文书

地。如果一时听不到她的回应，我就心惊胆战，跑到厨房和磨坊里寻找。有一次找遍了所有的房间也没有见到母亲的身影，我便坐在了院子里大哭。这时母亲背着一捆柴草从外面走进来。她对我的哭很不满，但我又不能对她说出我的担忧。母亲看到我的心思，她说："孩子你放心，尽管我活着没有一点乐趣，但只要阎王爷不叫我，我是不会去的。"

我生来相貌丑陋，村子里很多人当面嘲笑我，学校里有几个性格霸蛮的同学甚至为此打我。我回家痛苦，母亲对我说："儿子，你不丑，你不缺鼻子不缺眼，四肢健全，丑在哪里？而且只要你心存善良，多做好事，即便是丑也能变美。"后来我进入城市，有一些很有文化的人依然在背后甚至当面嘲弄我的相貌，我想起了母亲的话，便心平气和地向他们道歉。

我母亲不识字，但对识字的人十分敬重。我们家生活困难，经常吃了上顿没下顿。但只要我对她提出买书买文具的要求，她总是会满足我。她是个勤劳的人，讨厌懒惰的孩子，但只要是我因为看书耽误了干活，她从来没批评过我。

有一段时间，集市上来了一个说书人。我偷偷地跑去听书，忘记了她分配给我的活儿。为此，母亲批评了我，晚上当她就着一盏小油灯为家人赶制棉衣时，我忍不住把白天从说书人听来的故事复述给她听，起初她有些不耐烦，因为在她心目中说书人都是油嘴滑舌、不务正业的人，从他们嘴里冒不出好话来。但我复述的故事渐渐地吸引了她，以后每逢集日她便不再给我排活，默许我去集上听书。为了报答母亲的恩情，也为了向她炫耀我的记忆力，我会把白天听到的故事，绘声绘色地讲给她听。

很快地，我就不满足复述说书人讲的故事了，我在复述的过程中不断地添油加醋，我会投我母亲所好，编造一些情节，有时甚至改变故事的结局。我的听众也不仅仅是我的母亲，连我的姐姐、我的婶婶、我的奶奶都成为我的听众。我母亲在听完我的故事后，有时会忧心忡忡地，像是对我说，又像是自言自语："儿啊，你长大后会成为一个什么人呢？难道要靠耍贫嘴吃饭吗？"

我理解母亲的担忧，因为在村子里，一个贫嘴的孩子，是招人厌烦的，有时候还会给自己和家庭带来麻烦。我在小说《牛》里所写的那个因为话多被村子里厌恶的孩子，就有我童年时的影子。我母亲经常提醒我少说话，她希望我能做一个沉默寡言、安稳大方的孩子。但在我身上，却显露出极强的说话能力和极大的说话欲望，这无疑是极大的危险，但我说的故事的能力，又带给了她愉悦，这使她陷入深深的矛盾之中。

俗话说"江山易改，本性难移"，尽管我有父母亲的谆谆教导，但我并没有改掉我喜欢说话的天性，这使我的名字"莫言"，很像对自己的讽刺。

我小学未毕业即辍学，因为年幼体弱，干不了重活，只好到荒草滩上去放牧牛羊。当我牵着牛羊从学校门前路过，看到昔日的同学在校园里打打闹闹，我心中充满悲凉，深深地体会到一个人，哪怕是一个孩子，离开群体后的痛苦。

到了荒滩上，我把牛羊放开，让它们自己吃草。蓝天如海，草地一望无际，周围看不到一个人影，没有人的声音，只有鸟儿在天上鸣叫。我感到很孤独，很寂寞，心里空空荡荡。有时候，我躺在草地上，望着天上懒洋洋地飘动着的白云，脑海里便浮现出许多莫名其妙的幻象。我们那地方流传着许多狐狸变成美女的故事，我幻想着能有一个狐狸变成美女与我来做伴放牛,但她始终没有出现。但有一次,一只火红色的狐狸从我面前的草丛中跳出来时,我被吓得一屁股蹲在地上。狐狸跑没了踪影,我还在那里颤抖。有时候我会蹲在牛的身旁,看着湛蓝的牛眼和牛眼中的我的倒影。有时候我会模仿着鸟儿的叫声试图与天上的鸟儿对话,有时候我会对一棵树诉说心声。但鸟儿不理我,树也不理我。许多年后,当我成为一个小说家,当年的许多幻想,都被我写进了小说。很多人夸我想象力丰富,有一些文学爱好者,希望我能告诉他们培养想象力的秘诀,对此,我只能报以苦笑。

就像中国的先贤老子所说的那样:"福兮祸之所伏,福祸福所倚",我童年辍学,饱受饥饿、孤独、无书可读之苦,但我因此也像我们的前辈作家沈从文那样,及早地开始阅读社会人生这本大书。前面所提到的到集市上去听说书人说书,仅仅是这本大书中的一页。

辍学之后,我混迹于成人之中,开始了"用耳朵阅读"的漫长生涯。二百多年前,我的故乡曾出了一个讲故事的伟大天才——蒲松龄,我们村里的许多人,包括我,都是他的传人。我在集体劳动的田间地头,在生产队的牛棚马厩,在我爷爷奶奶的热炕头上,甚至在摇摇晃晃地进行着的牛车社,聆听了许许多多神鬼故事,历史传奇,逸闻趣事,这些故事都与当地的自然环境、家庭历史紧密联系在一起,使我产生了强烈的现实感。

我做梦也想不到有朝一日这些东西会成为我的写作素材,我当时只是一个迷恋故事的孩子,醉心地聆听着人们的讲述。那时我是一个绝对的有神论者,我相信万物都有灵性,我见到一棵大树会肃然起敬,我看到一只鸟会感到它随时会变化成人,我遇到一个陌生人,也会怀疑他是一个动物变化而成。每当夜晚我从生产队的记工房回家时,无边的恐惧便包围了我,为了壮胆,我一边奔跑一边大声歌唱。那时我正处在变声期,嗓音嘶哑,声调难听,我的歌唱,是对我的乡亲们的一种折磨。

我在故乡生活了二十一年,期间离家最远的是乘火车去了一次青岛,还差点迷失在木材厂的巨大木材之间,以至于我母亲问我去青岛看到了什么风景时,我沮丧地告诉她:什么都没看到,只看到了一堆堆的木头。但也就是这次青岛之行,使我产生了想离开故乡到外边去看世界的强烈愿望。

1976年2月,我应征入伍,背着我母亲卖掉结婚时的首饰帮我购买的四本《中国通史简编》,走出了高密东北乡这个既让我爱又让我恨的地方,开始了我人生的重要时期。我必须承认,如果没有30多年来中国社会的巨大发展与进步,如果没有改革开放,也不会有我这样一个作家。

在军营的枯燥生活中,我迎来了20世纪80年代的思想解放和文学热潮,我从一个用耳朵聆听故事,用嘴巴讲述故事的孩子,开始尝试用笔来讲述故事。起初的道路并不平坦,我那时并没有意识到我二十多年的农村生活经验是文学的富矿,那时我以为文学就是写好人好事,就是写英雄模范,所以,尽管也发表了几篇作品,但文学价值很低。

1984年秋,我考入解放军艺术学院文学系。在我的恩师著名作家徐怀中的启发指导下,我写出了《秋水》《枯河》《透明的红萝卜》《红高粱》等一批中短篇小说。在《秋水》这篇小说里,第一次出现了"高密东北乡"这个字眼,从此,就如同一个四处游荡的农民有了一片土地，我这样一个文学的流浪汉，终于有了一个可以安身立命的场所。我必须承认，在创建我的文学领地"高密东北乡"的过程中，美国的威廉·福克纳和哥伦比亚的加西亚·马尔克斯给了我重要启发。我对他们的阅读并不认真，但他们开天辟地的豪迈精神激励了我，使我明白了一个作家必须要有一块属于自己的地方。一个人在日常生活中应该谦卑退让，但在文学创作中，必须颐指气使，独断专行。我追随在这两位大师身后两年，即意识到，必须尽快地逃离他们，我在一篇文章中写道：他们是两座灼热的火炉，而我是冰块，如果离他们太近，会被他们蒸发掉。根据我的体会，一个作家之所以会受到某一位作家的影响，其根本是因为影响者和被影响者灵魂深处的相似之处。正所谓"心有灵犀一点通"。所以，尽管我没有很好地去读他们的书，但只读过几页，我就明白了他们干了什么，也明白了他们是怎样干的，随即我也就明白了我该干什么和我该怎样干。

我该干的事情其实很简单，那就是用自己的方式，讲自己的故事。我的方式，就是我所熟知的集市说书人的方式，就是我的爷爷奶奶、村里的老人们讲故事的方式。坦率地说，讲述的时候，我没有想到谁会是我的听众，也许我的听众就是那些如我母亲一样的人，也许我的听众就是我自己，我自己的故事，起初就是我的亲身经历，譬如《枯河》中那个遭受痛打的孩子，譬如《透明的红萝卜》中那个自始至终一言不发的孩子。我的确曾因为干过一件错事而受到过父亲的痛打，我也的确曾在桥梁工地上为铁匠师傅拉过风箱。当然，个人的经历无论多么奇特也不可能原封不动地写进小说，小说必须虚构，必须想象。很多朋友说《透明的红萝卜》是我最好的小说，对此我不反驳，也不认同，但我认为《透明的红萝卜》是我的作品中最有象征性、最意味深长的一部。那个浑身漆黑、具有超人的忍受痛苦的能力和超人的感受能力的孩子，是我全部小说的灵魂，尽管在后来的小说里，我写了很多的人物，但没有一个人物，比他更贴近我的灵魂。或者可以说，一个作家所塑造的若干人物中，总有一个领头的，这个沉默的孩子就是一个领头的，他一言不发，但却有力地领导着形形色色的人物，在"高密东北乡"这个舞台上，尽情地表演。

自己的故事总是有限的，讲完了自己的故事，就必须讲他人的故事。于是，我的亲人们的故事，我的村人们的故事，以及我从老人们口中听到过的祖先们的故事，就像听到集合令的士兵一样，从我的记忆深处涌出来。他们用期盼的目光看着我，等待着我去写他们。我的爷爷、奶奶、父亲、母亲、哥哥、姐姐、姑姑、叔叔、妻子、女儿，都在我的作品里出现过，还有很多的我们高密东北乡的乡亲，也都在我的小说里露过面。当然，我对他们，都进行了文学化的处理，使他们超越了他们自身，成为文学中的人物。

我最新的小说《蛙》中，就出现了我姑姑的形象。因为我获得诺贝尔奖，许多记者到她家采访，起初她还很耐心地回答提问，但很快便不胜其烦，跑到县城里她儿子家躲起来了。姑姑确实是我写《蛙》时的模特，但小说中的姑姑，与现实生活中的姑姑有着天壤之别。小说中的姑姑专横跋扈，有时简直像个女匪，现实中的姑姑和善开朗，是一个标准的贤妻良母。现实中的姑姑晚年生活幸福美满，小说中的姑姑到了晚年却因为心灵的巨大痛苦患上了失眠症，身披黑袍，像个幽灵一样在暗夜中游荡。我感谢姑姑的宽容，她没有因为我在小说中把她写成那样而生气；我也十分敬佩我姑姑的明智，她正确地理解了小说中人物与现实中人物的复杂关系。

母亲去世后,我悲痛万分,决定写一部书献给她。这就是那本《丰乳肥臀》。因为胸有成竹,因为情感充盈,仅用了83天,我便写出了这部长达50万字的小说的初稿。

在《丰乳肥臀》这本书里,我肆无忌惮地使用了与我母亲的亲身经历有关的素材,但书中的母亲情感方面的经历,则是虚构或取材于高密东北乡诸多母亲的经历。在这本书的卷前语上,我写下了"献给母亲在天之灵"的话,但这本书,实际上是献给天下母亲的,这是我狂妄的野心,就像我希望把小小的"高密东北乡"写成中国乃至世界的缩影一样。

作家的创作过程各有特色,我每本书的构思与灵感触发也都不尽相同。有的小说起源于梦境,譬如《透明的红萝卜》,有的小说则发端于现实生活中发生的事件——譬如《天堂蒜薹之歌》。但无论是起源于梦境还是发端于现实,最后都必须和个人的经验相结合,才有可能变成一部具有鲜明个性的,用无数生动细节塑造出了典型人物的、语言丰富多彩、结构匠心独运的文学作品。有必要特别提及的是,在《天堂蒜薹之歌》中,我让一个真正的说书人登场,并在书中扮演了十分重要的角色。我十分抱歉地使用了这个说书人的真实姓名,当然,他在书中的所有行为都是虚构。在我的写作中,出现过多次这样的现象,写作之初,我使用他们的真实姓名,希望能借此获得一种亲近感,但作品完成之后,我想为他们改换姓名时却感到已经不可能了,因此,也发生过与我小说中人物同名者找到我父亲发泄不满的事情,我父亲替我向他们道歉,但同时又开导他们不要当真。我父亲说:"他在《红高粱》中,第一句就说'我父亲这个土匪种',我都不在意你们还在意什么?"

我在写作《天堂蒜薹之歌》这类逼近社会现实的小说时,面对的最大问题,其实不是我敢不敢对社会上的黑暗现象进行批评,而是这燃烧的激情和愤怒会让政治压倒文学,使这部小说变成一个社会事件的纪实报告。小说家是社会中人,他自然有自己的立场和观点,但小说家在写作时,必须站在人的立场上,把所有的人都当作人来写。只有这样,文学才能发端事件但超越事件,关心政治但大于政治。

可能是因为我经历过长期的艰难生活,使我对人性有较为深刻的了解。我知道真正的勇敢是什么,也明白真正的悲悯是什么。我知道,每个人心中都有一片难用是非善恶准确定性的朦胧地带,而这片地带,正是文学家施展才华的广阔天地。只要是准确地、生动地描写了这个充满矛盾的朦胧地带的作品,也就必然地超越了政治并具备了优秀文学的品质。

喋喋不休地讲述自己的作品是令人厌烦的,但我的人生是与我的作品紧密相连的,不讲作品,我感到无从下嘴,所以还得请各位原谅。

在我的早期作品中,我作为一个现代的说书人,是隐藏在文本背后的,但从《檀香刑》这部小说开始,我终于从后台跳到了前台。如果说我早期的作品是自言自语,目无读者,从这本书开始,我感觉到自己是站在一个广场上,面对着许多听众,绘声绘色地讲述。这是世界小说的传统,更是中国小说的传统。我也曾积极地向西方的现代派小说学习,也曾经玩弄过形形色色的叙事花样,但我最终回归了传统。当然,这种回归,不是一成不变的回归,《檀香刑》和之后的小说,是继承了中国古典小说传统又借鉴了西方小说技术的混合文本。小说领域的所谓创新,基本上都是这种混合的产物。不仅仅是本国文学传统与外国小说技巧的混合,也是小说与其他的艺术门类的混合,就像《檀香刑》是与民间戏曲的混合,就像我早期的一些小说从美术、音乐甚至杂技中汲取了营养一样。

最后,请允许我再讲一下我的《生死疲劳》。这个书名来自佛教经典,据我所知,为翻译这个书名,各国的翻译家都很头痛。我对佛教经典并没有深入研究,对佛教的理解自然十分肤浅,之所以以此为题,是因为我觉得佛教的许多基本思想,是真正的宇宙意识,人世中许多纷争,在佛家的眼里,是毫无意义的。这样一种至高眼界下的人世,显得十分可悲。当然,我没有把这本书写成布道词,我写的还是人的命运与人的情感,人的局限与人的宽容,以及人为追求幸福、坚持自己的信念所做出的努力与牺牲。小说中那位以一己之身与时代潮流对抗的蓝脸,在我心目中是一位真正的英雄。这个人物的原型,是我们邻村的一位农民,我童年时,经常看到他推着一辆吱吱作响的木轮车,从我家门前的道路上通过。给他拉车的,是一头瘸腿的毛驴,为他牵驴的,是他小脚的妻子。这个奇怪的劳动组合,在当时的集体化社会里,显得那么古怪和不合时宜,在我们这些孩子的眼里,也把他们看成是逆历史潮流而动的小丑,以至于当他们从街上经过时,我们会充满义愤地朝他们投掷石块。事过多年,当我拿起笔来写作时,这个人物,这个画面,便浮现在我的脑海中。我知道,我总有一天会为他写一本书,我迟早要把他的故事讲给天下人听,但一直到了2005年,当我在一座庙宇里看到"六道轮回"的壁画时,才明白了讲述这个故事的正确方法。

我获得诺贝尔文学奖后,引发了一些争议。起初,我还以为大家争议的对象是我,渐渐的,我感到这个被争议的对象,是一个与我毫不相关的人。我如同一个看戏人,看着众人的表演。我看到那个得奖人身上落满了花朵,也被掷上了石块、泼上了污水。我生怕他被打垮,但他微笑着从花朵和石块中钻出来,擦干净身上的脏水,坦然地站在一边,对着众人说:

对一个作家来说,最好的说话方式是写作。我该说的话都写进了我的作品里。用嘴说出的话随风而散,用笔写出的话永不磨灭。我希望你们能耐心地读一下我的书,当然,我没有资格强迫你们读我的书。即便你们读了我的书,我也不期望你们能改变对我的看法,世界上还没有一个作家,能让所有的读者都喜欢他。在当今这样的时代里,更是如此。

尽管我什么都不想说,但在今天这样的场合我必须说话,那我就简单地再说几句。

我是一个讲故事的人,我还是要给你们讲故事。

20世纪60年代,我上小学三年级的时候,学校里组织我们去参观一个苦难展览,我们在老师的引领下放声大哭。为了能让老师看到我的表现,我舍不得擦去脸上的泪水。我看到有几位同学悄悄地将唾沫抹到脸上冒充泪水。我还看到在一片真哭假哭的同学之间,有一位同学,脸上没有一滴泪,嘴巴里没有一点声音,也没有用手掩面。他睁着大眼看着我们,眼睛里流露出惊讶或者是困惑的神情。事后,我向老师报告了这位同学的行为。为此,学校给了这位同学一个警告处分。

多年之后,当我因自己的告密向老师忏悔时,老师说,那天来找他说这件事的,有十几个同学。这位同学十几年前就已去世,每当想起他,我就深感歉疚。这件事让我悟

出一个道理,那就是:当众人都哭时,应该允许有的人不哭。当哭成为一种表演时,更应该允许有的人不哭。

我再讲一个故事:三十多年前,我还在部队工作。有一天晚上,我在办公室看书,有一位老长官推门进来,看了一眼我对面的位置,自言自语道:"噢,没有人?"我随即站起来,高声说:"难道我不是人吗?"那位老长官被我顶得面红耳赤,尴尬而退。为此事,我洋洋得意了许久,以为自己是个英勇的斗士,但事过多年后,我却为此深感内疚。

请允许我讲最后一个故事,这是许多年前我爷爷讲给我听过的:有八个外出打工的泥瓦匠,为避一场暴风雨,躲进了一座破庙。外边的雷声一阵紧似一阵,一个个的火球,在庙门外滚来滚去,空中似乎还有吱吱的龙叫声。众人都胆战心惊,面如土色。有一个人说:"我们八个人中,必定一个人干过伤天害理的坏事,谁干过坏事,就自己走出庙接受惩罚吧,免得让好人受到牵连。"自然没有人愿意出去。又有人提议道:"既然大家都不想出去,那我们就将自己的草帽往外抛吧,谁的草帽被刮出庙门,就说明谁干了坏事,那就请他出去接受惩罚。"

于是大家就将自己的草帽往庙门外抛,七个人的草帽被刮回了庙内,只有一个人的草帽被卷了出去。大家就催这个人出去受罚,他自然不愿出去,众人便将他抬起来扔出了庙门。故事的结局我估计大家都猜到了——那个人刚被扔出庙门,那座破庙轰然坍塌。

我是一个讲故事的人,因为讲故事我获得了诺贝尔文学奖,我获奖后发生了很多精彩的故事,这些故事,让我坚信真理和正义是存在的。今后的岁月里,我将继续讲我的故事。

第三章 经济文书

第一节 市场调查问卷

一、调查问卷的概念

市场调查是市场调查报告、市场预测报告等经济类文书的基础，如果没有充分地调查，那么此类文书的分析和结论将缺少真实性和科学性。

调查问卷是以问题的形式系统地记载调查内容的一种方法。调查问卷由于方便、经济、调查面广而成为市场调查经常使用的方式。

二、调查问卷的结构

一份调查问卷主要包括标题、前言、问卷指导和问题四个部分。

（一）标题

标题一般应包括调查对象、调查内容和"调查问卷"字样，如"××大学学生就业意向调查问卷"。

（二）前言

前言用来说明调查的意义和目的、调查项目和内容、对被调查者的希望和要求等，一般放在调查问卷标题下面的开头部分。

（三）问卷指导

问卷指导主要是指导被调查者如何回答问题或解释问卷中某些信息的含义。问卷指导一般放在问句要求的后面，用括号括起来，如"下列说法正确的有哪几项（可选多项）"，其中的"（可选多项）"即为问卷指导。

（四）问题

问题是调查问卷的主体和核心，是调查者与被调查者沟通信息的载体。问题部分通常采用问句形式，也称体型。

三、常规问卷题型

调查问卷的题型主要分为表格式和问答式两种。

（一）表格式

表格式问卷一般由标题、前言、问题表格、备注等组成。其特点是简练、清晰，一目了然。内容较单一的属调查类文种的调查问卷，题型多使用表格式。

（二）问答式

问答式问卷一般由标题、前言、问句、备注等组成。其特点是形式灵活、使用方便。内容较复杂的属调查类文种的调查问卷，题型多使用问答式。

无论是表格式还是问答式，其问句样式主要为文字问句和标度式问句。

1. 文字问句

文字问句的形式可分为封闭式、半封闭式和开放式。

（1）封闭式问句，是指在提出问题的同时列出各种答案供被调查者选择的词句。

例如：

您的政治面貌是？（单选题）

A. 中共党员或预备党员　　　B. 共青团员　　　C. 民主党派　　　D. 群众

（2）半封闭式问句，是指在封闭式问句后面加上一个选择项目"其他"，使被调查者有自由回答的余地。

例如：

网上购物，您信赖哪个网站：（单选题）

A. 淘宝网　　　B. 当当网　　　C. 京东商城　　　D. 苏宁网站　　　E. 其他

（3）开放式问句，是指只提问题，没有供选择的答案，让被调查者自由回答的问句。

例如：

你最想去的旅游景点是哪里？

2. 标度式问句

标度式问句由文字说明和标度组成。它是利用直观、单纯的标度尺把答案的程度显示出来，直接测量答询者的行为、感觉、意见的强弱程度的问句。

例如：

你认为这次旅行导游的服务和讲解如何？（只填序号）

①非常满意；②比较满意；③一般般；④不满意

标度式问句适用于感觉方面的、较抽象的或程度、度量方面的调查。它不受时效限制，可反复使用，便于回答，便于调查后的归纳、总结，资料的准确度高，常常可使抽象的、模糊的东西量化。

四、设计问卷的技巧

设计问卷是询问调查的关键。如何把调查主题变为具体的调查问句，是设计、制作调查问卷的重点和难点。明确主题，围绕主题设计主题，从正面、反面、侧面多角度切入，处理好点与面、具体与抽象、浅显与深刻、精确与模糊等关系，是调查主题向具体问题转化的关键。完美的问卷必须具备两个功能，即能将问题传达给被问的人和使被问者乐于回答。要完成这两个功能，问卷设计时应当遵循一定的原则和程序，运用以下几种技巧。

（一）由浅入深，由易到难，引发思路

在展开调查时，最让被调查者头疼的是问题太多、太深、太难，一时难以回答清楚，只好避重就轻或避而不答。因此问题的设计应化难为易，由浅入深。请看下面一组问句：

① 您向单位交纳了多少住房公积金？约占您年工资的百分之几？
② 房改后，贵单位房租每月每平方米多少元？
③ 您认为五年内买房划算还是租房划算？
④ 您认为住房建设、分配、管理、维修费用由企业承担合理吗？为什么？
⑤ 您认为当前企业房改的步伐是过快、过慢，还是适中？
⑥ 您认为企业住房走向商品化、社会化的主要阻力是什么？

以上是一组调查职工对企业房改问题看法的问卷。这一组问题由浅入深，由具体到抽象，使调查主题转化成了可操作的具体问题。这样设计出的问题层层深入地使调查主题逐步得到揭示。

（二）化整为零，化大为小，启发思路

问题提得过大，被调查者会难以回答。所以问题的设计应当化整为零、化大为小，便于启发思路。例如关于青年购买时装动机的调查问卷，若将问题设计为"您购买时装的动机是什么？"会使回答者无所适从，也不便进行归纳和统计。关于这个问题，日本某公司是这样设计的：

① 青年人在什么场合经常穿着时装？（家里、工作场所、逛街、郊游、宴会、其他）
② 什么场合不适宜穿？
③ 青年人时装有什么特点？（好看、方便、耐穿、易洗、经济、流行、其他）
④ 青年人时装有什么缺点？
⑤ 您喜欢什么样的青年人时装？

以上一组提问把"您购买时装的动机是什么？"这一大问题化为了5个小问题，使问句具有了启发性、导引性，主题的展现水到渠成。

（三）封闭与开放结合、文字与标度结合，开拓思路

例如在"关于当代大学生人情消费观念的调查"问卷中，既设计了封闭式、半封闭式、开放式问句，又设计了标度式问句：

① 同学过生日，你通常的祝贺方式为（　　　）。
A. 送小礼物　　　　B. 送贵重礼物　　　　C. 其他
② 同学过生日，你若送礼，目的是（　　　）。
A. 真心祝福　　　　B. 礼尚往来　　　　C. 方便行事
③ 你过生日时，对宴请同学的兴趣（　　　）。
A. 高　　　　　　B. 较高　　　　　C. 一般　　　　D. 较低
④你对当代大学生人情消费观念的评价是什么？
各种类型问句的结合运用给被调查者自由思考和真实、全面回答问题的空间，从而使被调查主题得到真实、全面、深刻的展现。

（四）避免双重问题

设计问题还要注意避免双重问题。如"你父母是知识分子吗？"这种问题，可能会使回答者无所适从。可将其改为："你父母是知识分子吗？A. 都是　B. 父亲是　C. 母亲是　D. 都不是"。

问题表述要准确、具体。如"双休日你用于学习的时间长吗？"此处的"长"就不准确、不具体。可改为："双休日你用于学习的时间有多久？A. 不超过1小时　B. 2～6小时　C. 6小时以上"。

问题不要有诱导性、暗示性和倾向性，以保证回答客观、真实。如"你不赞成高消费吗？"这类提法就具有诱导性，容易诱导被调查者回答失真。应将其改为："你对大学生高消费有何看法？"又如"你对'洋快餐'对我们民族快餐业的冲击有何看法？"用词和语气都显示了某种倾向性和暗示性，不利于真实回答。可改为："现在很多地方引进了国外快餐，你对此有何看法？"

案例：

我校大学生创业心态与动机调查问卷

亲爱的朋友：您好！我们是×××大学管理学院行政管理专业的大二学生。为了解我校学生的创业心态与动机，我们特邀您参加此项调查，诚恳地希望得到您的合作与支持。

您的回答，我们将按国家统计法予以保密，请您不必有任何顾虑。本次调查不用填写姓名，所有回答只用于统计分析，各种答案没有正确、错误之分。

请您在百忙之中抽出一点时间填写这份调查表。衷心感谢您的支持和协助！

×××大学管理学院11级行政管理班
××××年××月××日

填表说明：

1. 请在每个问题的括号内填写适合自己的选项答案前的字母，或在横线上填写适当内容。

2. 若无特殊说明，每一个问题只能选择一个答案。

3. 填写问卷时，请不要与他人商量。

受访者信息：你的性别：（　　）男　（　　）女（括号内打钩）

你所学的专业：_____

你所在的年级：_____

1. 作为大学生，你对创业感兴趣吗？（　　）

2. 你有过创业的经历吗？（　　）

3. 如果你毕业之后找不到工作，你会不会选择创业？（　　）

4. 你认为大学生创业利大于弊？（　　）

5. 你认为大学生想要创业的原因是什么？（可多选）（　　）

 A. 大学生就业困难　　B. 自己的兴趣爱好　　C. 有好创意

 D. 想要吸取经验　　　E. 想要挑战自己　　　F. 想要获得更多的财富　　G. 其他

6. 你认为有些大学生不想创业的原因是什么？（可多选）（　　）

 A. 创业成本太大　　B. 没有兴趣　　　　C. 父母家人不支持

 D. 害怕失败　　　　E. 其他

7. 你如何看待学校提供给大学生的创业优惠政策？（　　）

 A. 好，会利用　　B. 不好，没实际意义　　C. 不清楚

8. 你会因为看到身份的同学创业成功，自己也想要创业吗？（　　）

 A. 会　　　　　　B. 不会　　　　　　C. 不清楚

9. 您对大学生创业的看法是（　　）。

 A. 赞同，是一个不错的锻炼机会

 B. 反对，学生应该以学习为主，时机还不成熟

 C. 看机会，曾经想过，但没想要去尝试

 D. 既不赞成也不反对，应以个人时机情况而言

10. 如果是你，你会选择以下何种模式进行创业？

 A. 个人　　　　　　B. 家庭经营模式　　C. 朋友合资

 D. 情侣合资　　　　E. 其他

11. 你如何看待在创业过程中遇到的竞争对手？（　　）

 A. 排斥打压　　　　　　　　　　B. 从中观察，汲取精华

 C. 谋求合作，实现共赢　　　　　D. 其他

12. 你接触或了解的大学生创业成功案例多吗？（　　）

 A. 很多　　　　B. 一般　　　　C. 很少　　　　D. 没有

13. 你认为为了一份好的工作而放弃了自己的创业梦想，值不值得？（　　）

 A. 值得　　　　B. 不值得　　　C. 看情况　　　D. 不清楚

14. 你认为大学生在初次创业失败后应不应该放弃？（　　）

 A. 应该　　　　B. 不应该　　　C. 不清楚

15. 你认为大学生创业的困难有哪些？（多选）（　　）

 A. 资金不足　　B. 经验不足　　　C. 人脉不多

 D. 能力不足　　E. 上当受骗　　　F. 心理压力大　　　G. 其他

16. 你觉得大学生创业需要哪些素质？（多选）（　　）

A. 过硬的专业能力 B. 良好的团队协作能力
C. 过硬的心理素质 D. 其他

17. 你认为大学生创业成功后，他们会不会进行市场规模的扩大化？（ ）
A. 会 B. 不会 C. 不清楚

18. 你觉得大学生创造在哪个领域更有利，对此你有什么好的建议？

19. 你对大学生创业的建议是什么？

第二节　市场调查报告

一、市场调查报告的概念和特点

（一）市场调查报告的概念

市场调查报告是经济部门或企业单位运用科学的方法，有目的、有计划、系统地收集市场信息、资料、情报，并对其进行整理、分析、研究，以了解现有的和潜在的市场，得出合乎经济发展规律的结论，由此而写成的书面报告。

（二）市场调查报告的特点

1. 真实性

市场调查报告主要是以调查所获取的真实材料为依据，为企业开展经营活动提供可靠信息或合理化建议。因此，市场调查报告必须坚持真实的原则，用事实说话。

2. 说理性

市场调查报告不是材料和数据的堆砌，也不是对市场的具体描述，而要通过对调查实时的分析思考，揭示市场规律。因此，市场调查报告是对市场现象和潜在发展的理性认识，重在说理。

3. 指导性

市场调查是企业有效地利用和调动市场情报、信息的主要手段。市场调查报告是企业经营决策的重要依据，也是消费者了解市场信息的重要渠道，因此市场调查报告具有较强的指导性。

二、市场调查报告的结构

市场调查报告一般由标题、正文、落款组成。

（一）标题

标题的拟定方式有公文式、文章式、新闻式等。

公文式标题一般由调查对象、调查内容和文种组成，如"××年汽车市场调查报告"。

文章式标题重在突出主旨，如"××火柴市场透视"。

新闻式标题一般要求简洁醒目，并点明报告的主旨，如"今夏空调市场清凉背后是硝烟"。

较复杂的标题可用双标题形式。双标题的拟定方式有正题＋副题式和引题＋正题式两种。

正题＋副题式，正题一般表达调查的主旨，副题则具体表明调查的对象、内容和文种等。如"苦练内功——关于企业扭亏问题的调查报告"。

引题＋正题式，引题一般表达调查的背景或意义，正题揭示调查的主旨。如"加入WTO——企业最关心什么？"

（二）正文

市场调查报告写作的内容包括开展调查的基本情况、调查成果、建议或决策等。在结构上一般由前言、主体和结尾三部分组成。

1. 前言

前言主要概括介绍开展市场调查的基本情况，一般包括调查的时间、地点、调查者、对象、范围、目的、意义、方法、步骤与经过，有的还要介绍调查的背景、起因等。

2. 主体

主体是写作的重点部分，详细阐述调查成果。一般先写调查资料整理分析的过程和结果；接着写在对调查结果进行分析研究的过程中所发现的规律或存在的问题；最后有针对性地提出建议或做出决策。其结构形式主要有纵式结构、横式结构和纵横交错式结构。

3. 结尾

结尾一般总括全文主旨，强调调查的重要收获和意义。

市场调查报告主要采用叙述、说明和讨论的表达方式。

对调查情况的介绍、对典型事例的引述、主要的数据资料一般要用叙述或说明的表达方式。

对资料进行分析、得出明确结论及提出建议等则主要采用讨论的表达方式。

在具体的写作中，或先叙后议，在实时的叙述和说明中引发认识，由事入理，提出主旨；或先议后叙，先提出主旨，然后通过对事实的叙述和说明予以证实；或夹叙夹议，在对事实的叙述中发表看法和见解。

（三）落款

正文结束后要签署调查者（或调查组）的名称和成文日期。署名可写在标题下方，也可以写在成文日期的上方。成文日期写在正文右下方。

三、市场调查报告的写作要求

(一) 主旨鲜明，材料充分

市场调查报告要从大量原始材料中选择典型的、重要的材料，在分析判断的基础上提炼主旨，得出结论，并用准确精练的语言表达出来。

(二) 层次分明，条理清晰

市场调查报告不管采用何种结构形式，都要求做到层次分明、条理清晰。一般运用分条列项、段头撮要的写作形式，或按小标题的形式分类来写。这样就会给人一目了然的感觉。

(三) 简练流畅，可读性强

市场调查报告是对现实情况的反映，语言表达要求做到简练流畅、语句通畅，同时也要重视可读性，适当运用修辞技巧，力求增强语言的表现力。

案例：

大学生手机使用情况调查报告

一、调查方案

（一）调查目的：通过了解大学生手机使用情况，为手机销售商和手机制造商提供参考，同时为大学生对手机消费市场的开发提供一定的参考。

（二）调查对象：在校生。

（三）调查程序：

1. 设计调查问卷，明确调查方向和内容。
2. 进行网络聊天调查。随机和各大学的学生相互聊天并让他们填写调查表。
3. 根据回收网络问卷进行分析，具体内容如下：

（1）根据样本的购买场所、价格及牌子、月消费分布状况的均值、方差等分布的数字特征，推断大学生总体手机月消费分布的相应参数；

（2）根据各个同学对手机功能的不同要求，对手机市场进行分析。

二、问卷设计

大学生手机使用情况调查问卷。

三、数据分析

根据以上整理的数据，进行数据分析，得出结论：学生手机市场是个很广阔的具有巨大发展潜力的市场。

（一）根据学生手机市场份额分析。

（二）学生消费群的普遍特点。

作为学生我们对这个群体做了一些了解，对于我们共同的特点进行分析，得出手机市场应该针对不同学生群体开发产品或进行有针对性的营销手段，才能够抢占市场。下面我们就来对学生群体的特点来进行分析。

学生消费群的普遍特点：

（1）没有经济收入；

（2）追逐时尚、崇尚个性化的独特风格和注重个性张扬；

（3）学生基本以集体生活为主，相互间信息交流很快易受同学、朋友的影响；

（4）品牌意识强烈，喜爱名牌产品。

（三）学生消费者购买手机的准则和特点：

通过调查大学生购买手机主要考虑因素是时尚个性化款式、功能、价格、品牌等，这也成为学生购买手机的四个基本准则。在调查中表明，大学生选择手机时最看重的是手机的外观设计，如形状、大小、厚薄、材料、颜色等，占65%；但大学生也并非一味追求外表漂亮，"内涵"也很重要，所以手机功能也占有一席之位，占50%；其次看重的是价格，而较少看重的是品牌，看来现在的大学生还是比较看重实际的。

第三节 经 济 合 同

一、定义

《中华人民共和国合同法》第二条第一款规定："本法所称合同是平等主体的自然人、法人、其他组织之间设立、变更、终止民事权利义务关系的协议。"经济合同是双方或多方当事人为了实现一定的经济目的，通过平等协商，明确相互权利与义务而共同订立的一种具有经济关系的协议，是当事人表示见解一致的法律行为。

二、特点

（一）法律关系

经济合同具有一定的法律关系，法人必须具备的一定条件和资格：必须具备一定的财产和经费，有自己与别的企业、厂家、实体不同的名称，有自己的组织机构和活动场所，有独立承担民事责任的能力。因此，一旦成为合同的法人，其所签订的合同就具有法律的权威性。

（二）合同法人的平等性

经济合同签订时，双方应各有一位当事人。当事人是作为法人来签订合同的，各方的当事人从法律上说是平等的，因而一方不得将自己的意志强加给另一方。既然双方当事人是平等关系，凡涉及合同中的双方利益和意见发生分歧，只能协商解决，不得强迫对方接受某些条件或条款。

（三）合同本身的制约性

这个特征具有两层意思：一是签订合同的双方受合同的制约，其中的任何条款对双方都具有制约能力，违背条款，就是对合同制约能力的破坏；二是合同本身的订立及对合同的履行，还要受到国家总体计划、规划的制约与影响，这种外界的因素制约着合同的全面履行和经济目标的实现。如果合同涉及国家的指令性生产计划或限制性项目的开发，那么事先报告主管部门，征得同意或批准，否则会干扰或破坏国家计划的完成。

（四）经济合同的有偿性

订立合同的双方都有自己的经济目标，都想获取一定的经济效益。如果作为无偿的、无目的的给予和馈赠，那么这样的行为本身不可能构成经济合同。虽然经济合同建立在平等、互惠、互利的原则和基础上，但因为是等价交换，不允许一方进行无偿调拨或一方无偿占有另一方财物，才萌发了签订合同的愿望。

三、类 型

经济生活的复杂丰富性决定了经济合同的多样性。依不同标准，经济合同有以下多种分类：

（1）按合同形式分，有口头经济合同和书面经济合同。口头经济合同一般多用于可即清结、数额不大的任意性经济交往中；书面经济合同多用于不能即时清结、内容较复杂、数额较大的经济往来中。书面合同在格式上又有条方式和表格式两种。

（2）按合同的有效期限分，有长期合同、短期合同、年度合同、季度合同等，凡期限在一年以上的均为长期合同。

（3）按合同成立的程序分，有承诺合同和实践合同。凡双方意思表示一致，合同即告成立的，称为承诺合同，如购销合同、建筑工程承包合同等。凡双方达成协议后，还须交付标的才能成立的合同，称为实践合同，如贷款合同、保管合同、运输合同等。

（4）按国际关系分，有国内合同与涉外合同。

（5）从合同成立是否需要按特定方式划分，有要式合同与非要式合同。凡需要履行特定的方式、手续才能成立的合同，称为要式合同。如需要经济签证、公证或有关机关核准登记才算成立的合同，属要式合同。要式合同未履行特定方式前，合同不算成立，也不发生法律效力。非要式合同是法律、法规要求合同不一定具备特定形式才能成立、生效的合同。

（6）按合同标的分，可分为转移财产的合同、提供劳务的合同和完成工作的合同三种。财产转移的合同是指转移财产的一方将一定财产转移给对方，由对方付给价款的合同。该种合同一般有三类情况：财产所有权的转移（如购销合同）、财产管理权的转移（如供电合同）和财产使用权的转移（如房屋、土地的租赁合同）。此类合同也包括无形财产的转移，如专利权、商标专用权转让合同。

提供劳务的合同和完成工作的合同都要求一方按约定条件付出劳动，对方支付报酬。其区别在于：前者只提供服务，不产生新的劳动成果，如货物运输合同、仓储保管合同等；后者则最终要表现为新劳动成果的产生，如勘测设计合同、建筑安装工程承包合同、科研试制合同、加工承揽合同等。

（7）按业务性质和内容划分，这是目前最常用的分类方法，《中华人民共和国合同法》的"分则"部分把常用合同按业务性质和内容分为 15 类，并对其条款做了具体规定。这 15 类合同如下：

① 买卖合同，又称购销合同，是出卖人转移标的物的所有权于买受人，买受人支付价款的合同。

② 供用电、水、气、热力合同，是供电（水、气、热力）人向用电（水、气、热力）人供电（水、气、热力），用电（水、气、热力）人支付电（水、气、热力）费的合同。

③ 赠予合同，是赠予人将自己的财产无偿给予受赠人，受赠人表示接受赠予的合同。

④ 借款合同，是借款人向贷款人借款，到期返还借款并支付利息的合同。

⑤ 租赁合同，是出租人将租赁物交付承租人使用，承租人支付租金的合同。

⑥ 融资租赁合同，是出租人根据承租人对出卖人、租赁物的选择，向出卖人购买租赁物，提供给承租人使用，承租人支付租金的合同。

⑦ 承揽合同，是承揽人按照定做人的要求完成工作，交付工作成果，定做人给付报酬的合同。

⑧ 建设工程合同，是承包人进行工程建设，发起人支付价款的合同。建设工程合同包括工程勘察、设计、施工合同。

⑨ 运输合同，是承运人将旅客或者货物从起运地点运输到约定地点，旅客、托运人或者收货人支付票款或者运输费用的合同。

⑩ 技术合同，是当事人就技术开发、转让、咨询或者服务订立的确立相互之间权利和义务的合同。

⑪ 保管合同，是保管人保管寄存人交付的保管物，并返还该物，寄存人按照约定向保管人支付保管费用的合同。

⑫ 仓储合同，是保管人储存存货人交付的仓储物，存货人支付仓储费用的合同。

⑬ 委托合同，是委托人和受托人约定，由受托人处理委托人事务，委托人按照约定支付费用的合同。

⑭ 行纪合同，是行纪人以自己的名义为委托人从事贸易活动，委托人支付报酬的合同。

⑮ 居间合同，是居间人向委托人报告订立合同的机会或者提供订立合同的媒介服务，委托人支付报酬的合同。

相对统一的具体规定，对普及合同法知识，指导合同制的推行，保护合同当事人合法权益，减少纠纷起了很大作用。

四、结构和写作方法

合同的书写形式有两种：一是条文式，二是表格式。除特殊情况外，一般用工商行政管理机关监制的合同纸。不论采用何种形式，合同的结构都应该包括以下四个部分：

（一）标题

合同的标题，应明确标出合同的性质，其后写上"合同"字样。也可以将产（商）品类别和合同的履行期写入标题。

（二）订立

合同的订立双方在合同标题的右下方，写明合同双方当事人的名称（要使用全称），然后用括号分称甲方、乙方、丙方等。

（三）正文

正文是合同的主体部分，一般由以下几方面内容构成：
(1) 签订合同的依据或目的；
(2) 协议的内容；
(3) 合同的有效期；
(4) 合同的份数和保存；
(5) 附件。

合同如有表格、图纸、实样照片等附件，在正文下另起一行写"附件"字样，把附件的名称、件数详细列出。

（四）结尾

1. 署名

在正文的下方依次写明签订合同的双方或几方单位名称（全称）、代表人姓名，并加盖公章，代表人应签字、盖章。如需公证、鉴证或双方主管部门签证的，应写明公证、鉴证和签证机关名称，并加盖公章。

2. 签订日期

在署名下方写明签订合同的日期。

3. 附页

有附件的合同，应注明附件的页数，并将其附在合同的后面，有的合同专列为"附则"一项。

五、法律特征和法律效力

（一）法律特征

(1) 合同是一种法律行为，是当事人之间建立的一种民事法律关系。
(2) 合同是两个或两个以上当事人的法律行为，是当事人意思一致的表示。
(3) 合同是当事人之间的协议，当事人在合同关系中的法律地位是平等的。
(4) 合同是当事人合同的行为，是一种具有法律约束力的行为，当事人必须依法行使权利和履行义务。

(二) 法律效力

《中华人民共和国合同法》第八条规定:"依法成立的合同,对当事人具有法律约束力。当事人应当按照约定履行自己的义务,不得擅自变更或者解除合同。依法成立的合同,受法律保护。"

案例:

<h3 style="text-align:center">经济合同</h3>

销货方:_____(以下简称甲方)
购货方:_____(以下简称乙方)
签约时间:_____
签约地点:_____

第一条 经购销双方协商交易活动,必须履行本合同条款。具体品类(种),需签订要货成交单,并作为本购销合同的附件;本合同中的未尽事宜经双方协商需补充的条款可另附协议书,亦视为合同附件。合同附件与本合同具有同等效力。经双方确认的往来信函、传真、电子邮件等,将作为本合同的组成部分,具有合同的效力。

签订成交单,除上级规定按计划分配成交外,其余商品一律采取自由选购,看样成交的方式。

第二条 合同签订后,不得擅自变更和解除。如甲方遇不可抗拒的原因,确实无法履行合同;乙方因市场发生骤变或不能防止的原因,经双方协商同意后,可予变更或解除合同。但提出方应提前通知对方,并将"合同变更通知单"寄给对方,办理变更或解除合同的手续。

按乙方指定花色、品种、规格生产的商品,在安排生产后,双方都需严格执行合同。如需变更,由此而产生的损失,乙方负担;如甲方不能按期、按质、按量、按指定要求履行合同,其损失,甲方负担。

第三条 成交单中的商品价格,由双方当事人商议决定,或以国家定价决定。在签订合同时,确定价格有困难,可以暂定价格成交,上下幅度双方商定。国家定价的商品,在合同规定的交(提)货期限内,如遇国家或地方行政部门调整价格,按交货(指运出)时的价格执行。逾期交货的,如遇价格上调时,按原价执行;遇价格下调时,按新价执行。逾期提货的,遇价格上调时,按新价执行;遇价格下调时,按原价执行。由于调整价格而发生的差价,购销双方另行结算。

第四条 运输方式及运输费用等费用,由双方当事人协商决定。

第五条 各类商品质量标准,甲方严格执行合同规定的质量标准,保证商品质量。

第六条 商品包装,必须牢固,甲方应保障商品在运输途中的安全。乙方对商品包装有特殊要求,双方应具体合同中注明,增加的包装费用,由乙方负担。

第七条 商品调拨,应做到均衡、及时。对合同期内的商品可考虑按3:3:4的比例分批发货;季节性商品按承运部门所规定的最迟、最早日期一次发货;当季商品、零配件和数量较少的品种,可一次发货。

第八条　有有效期限的商品，其有效期在 2/3 以上的，甲方可以发货；有效期在 2/3 以下的，甲方应征得乙方同意后才能发货。

第九条　甲方应按乙方确定的合理运输路线、工具、到达站（港）委托承运单位发运，力求装足容量或吨位，以节约费用。

如一方需要变更运输路线、工具、到达站时，应及时通知对方，并进行协商，取得一致意见后，再办理发运，由此而影响合同期限，不以违约处理。

第十条　商品从到达承运部门时起，所有权即属乙方。在运输途中发生的丢失、缺少、残损等责任事故，由乙方负责向承运部门交涉赔偿，需要甲方协助时，甲方应积极提供有关资料。乙方在接收商品时发现问题，应及时向承运部门索取规定的记录和证明并立即详细检查，及时向有关责任方提出索赔；若因有关单据未能随货同行，货到后，乙方可先向承运部门具结接收，同时立即通知甲方，甲方在接到通知后 5 日内答复；属于多发、错运商品，乙方应做好详细记录，妥为保管，收货后 10 日内通知甲方，不能自行动用，因此而发生的一切费用由甲方负担。

第十一条　商品的外包装完整，发现溢缺、残损串错和商品质量等问题，在货到半年内（贵重商品在 7 日内），责任确属甲方的，乙方可向甲方提出查询。

发现商品霉烂变质，应在 30 日内通知甲方，经双方共同研究，明确责任，损失由责任方负担。

接收进口商品和外贸库存转内销的商品，因关系到外贸查询，查询期为乙方收货后的 60 日，逾期甲方不再受理。

乙方向甲方提出查询时，应填写"查询单"，一货一单，不要混列。查询单的内容应包括唛头、品名、规格、单价、装箱单、开单日期、到货日期、溢缺数量、残损程度、合同号码、生产厂名、调拨单号等资料，并保留实物；甲方接到"查询单"后，10 日内做出答复，要在 30 日内处理完毕。

为减少部分查询业务，凡一张调拨单所列一个品种损益在 2 元以下、残损在 5 元以下均不做查询处理（零件除外）。对笨重商品的查询（如缝纫机头、部件等的残品）乙方将残品直接寄运工厂，查询单寄交甲方并在单上注明寄运日期。

第十二条　商品货款、运杂费等款项的结算，购销双方应按中国人民银行结算办法的规定，商定适宜的结算方式，及时妥善办理。

货款结算中，要遵守结算纪律，坚持"钱货两清"原则，分期付款应在成交单上注明。有固定购销关系的国有、供销合作社商业企业，异地货款结算可采用"托收承付"结算方式；对情况不明的交易单位，可采用信用证结算方式，或先收款后付货。

第十三条　甲、乙双方的任何一方有违约行为的，应负违约责任并向对方支付违约金。因违约使对方遭受损失的，如违约金不足以抵补损失时，还应支付赔偿金以补偿其差额。如违约金过分高于或者低于造成的损失的，当事人可以请求人民法院或者仲裁机构予以适当减少或者增加。

（1）甲、乙两方所签订的具体合同要求，一方未能履行或未能完全履行合同时，应向对方支付违约合同货款总值＿＿＿＿＿＿％的违约金。但遇双方协商办理变更或解除合同手续的，不按违约处理。

(2) 自提商品，甲方未能按期发货，应负逾期交货责任，并承担乙方因此而支付的实际费用；乙方未按期提货，应按中国人民银行有关延期付款的规定，按逾期提货部分货款总值计算，向甲方偿付逾期提货的违约金，并承担甲方实际支付的保管费用。

(3) 甲方提前交货和多交、错发货而造成的乙方在代保管期内实际支付的费用，应由甲方负担，乙方逾期付款的，应按照中国人民银行有关逾期付款的规定，向甲方偿付逾期付款违约金。

(4) 对应偿付的违约金，赔偿金，保管、保养费用和各种经济损失，应在明确责任后，10日内主动汇给对方，否则，按逾期付款处理，但任何一方不得自行用扣发货物或扣付货款充抵。

第十四条　甲、乙两方履行合同，发生纠纷时，应及时协商解决，协商不成时，任何一方均可向仲裁机构申请仲裁或向人民法院起诉。（两者选一）

第十五条　本合同一式4份，甲、乙两方各执2份，并送交当地人民银行及有关部门，监督执行。

第十六条　本合同（协议）双方签章，依法生效，有效期为1年，期满双方如无异议，合同自动延长。凡涉及日期的，按收件人签收日期和邮局戳记日期为准。

开户银行：＿＿＿＿＿＿＿　　开户银行：＿＿＿＿＿＿＿
账　　号：＿＿＿＿＿＿＿　　账　　号：＿＿＿＿＿＿＿
地　　址：＿＿＿＿＿＿＿　　地　　址：＿＿＿＿＿＿＿
传　　真：＿＿＿＿＿＿＿　　传　　真：＿＿＿＿＿＿＿
电　　话：＿＿＿＿＿＿＿　　电　　话：＿＿＿＿＿＿＿
销货方（甲方）签章：＿＿＿＿＿＿　购货方（乙方）签章：＿＿＿＿＿＿
　　　　　　　　　　＿＿年＿＿月＿＿日

第四节　招　标　书

一、招标书的概念、种类和特点

（一）招标书的概念

招标书是招标人对外公布的有关招标内容和具体条件、要求的文书。

（二）招标书的种类

1. 公开招标书
这是招标人通过国家制定的报纸杂志、信息网络或其他媒体发布的招标文件。

2. 邀请招标书
这是招标人向三个以上具有承担招标项目能力的、资信良好的特定法人或其他组织发出的招标文书。

(三)招标书的特点

1. 针对性
招标书要针对招标项目的内容、目的来写。

2. 真实性
招标书一般都要通过一定的媒介来发布,并按照严格的程序进行招标,招标书所涉及的内容必须是真实可信的。

3. 竞争性
招标的目的是吸引更多的招标人参与招标竞争,以便进行比较,最终确定理想的合作伙伴。

4. 保密性
招标书要求在开标前招标人的标底和投标人的投标书都要保密。

二、招标书的结构

在结构上,招标书一般都由标题、正文和落款三部分组成。

(一)标题

标题由招标单位、招标项目和文种组成,也可根据情况省略招标单位或招标项目。

(二)正文

正文包括前言和主体两部分。

1. 前言
前言主要介绍招标缘由或目的、依据、招标项目名称、规模和范围等。

2. 主体
主体主要介绍招标项目的内容和程序。
内容一般包括多项经济技术指标、规模、完成时间等;或购买货物的名称、批量;或发包工程的项目名称、地址和总工程量等。
程序一般包括招标起止时间、发售文件的日期、价格和地点,设标、开标、定标的日期、地点、方法和步骤等。

(三)落款

落款写明招标单位的名称、地址、电话、传真、邮编、网址、联系人等。

三、招标书的写作要求

(1)要遵守国家的法规、政策。
(2)要做好充分的调查研究。
(3)要有竞争意识。
(4)要实事求是,切实可行。
(5)格式要规范,语言要准确。

案例：

学生食堂招标书

招标单位：福建生物工程职业技术学院招标办

招标项目：福建生物工程职业技术学院食堂经营权

福建生物工程职业技术学院是福建省具有生物医药特色的全日制公办高等职业院校。根据学院需要，为引入竞争机制，切实提高服务质量，更好地满足学生生活需求，经学院领导批准，我院食堂现对外招标，本着公开、公平、公正、择优和诚实信用的原则，选择经营管理单位。期限三年。

一、基本概况

师生食堂上、下两层，总面积约1 300平方米（详情请务必实地考察，招标人将安排于20××年1月21日上午9：00—11：00开放参观）。

二、投标单位条件及须知

（一）资质：

（1）符合《中华人民共和国政府采购法》第二十二条规定条件。

（2）具有学校食堂或较大规模餐饮业（食堂）经营管理经验。

（3）投标人需提供企业法人营业执照（副本）复印件、税务登记证（副本）复印件、单位代码证（副本）复印件、报价代表人的法定代表人授权书（以上文件均需加盖公章）。

（4）不接受个人投标。

（二）投标单位在经营期间，要做到以下要求：

（1）要确保安全与饮食卫生。

（2）保证一天三餐供应。食堂经营以供应饭菜、面食、小炒为主，应做到品种多样化。主食：三餐不少于2种，菜类：早餐不少于6种，午、晚餐不少于15种。

（3）师生用餐场所要相对分开。

（4）根据招标方工作安排，合理安排食堂开放时间（含寒、暑假期间）。

（5）投标单位在食堂经营期间要严格执行《食品卫生法》及学院校园有关规定，否则造成的一切后果投标单位应承担其全部赔偿责任，包括政府行政部门的所有罚款和法律责任。主动接受学院和国家食品卫生部门的检查与监督。

（6）投标单位聘请的员工必须符合《中华人民共和国劳动法》的有关要求，承担食堂人员工资、福利、社保等费用。乙方所有工作人员必须及时交验个人身份证、健康证等。不准聘用童工、"两劳释放"及有劣迹人员。未取得健康证明进入工作岗位的，被检查发现一人次扣其违约金人民币200元。投标单位人员住校内的，必须按规定办理暂住证，未经学院许可不准留宿外人。投标单位应对工作人员进行管理，并进行防疫、防火等各项安全教育。如果发生工伤及其他事故，所有费用及责任由投标单位承担。

（7）投标单位必须按照国家有关规定建立健全《食堂餐饮安全管理制度》等相关制度，并交学院备案后严格执行。

（8）投标单位须按学校作息时间营业，遵守学校有关规章制度，不得影响学校教学和办公秩序。晚间营业不得超过熄灯时间。

（9）投标单位在食堂经营活动中自行定价，但不得牟取暴利，毛利要控制在20%以内，并要制作价格牌，实行明码标价，自觉接受学院物价监督。否则，学院有权中止合同并不退还财产押金。

（10）投标单位应加强防火、防盗、防爆等安全保卫工作，定期检查电源货源。对易燃物品应妥善使用和保管，确保安全无事故。投标单位必须接受学院防火、防食物中毒等检查监督，执行学院的整改意见。

（11）学院移交给投标单位使用的食堂售饭菜窗口的收银机应妥善使用和保管，一经损坏，立即修复。如经营者发现学生或教工遗忘拿走的饭卡，必须立即交给学院有关负责人，严禁套支。否则将承担相应的法律责任。

（12）投标单位必须按国家有关规定缴纳各种费税。

（13）投标单位自行承担食堂垃圾转运费用。

（14）投标单位在经营食堂期间自负盈亏，其在社会活动中所产生的债权、债务均由投标单位负责，学院概不负任何责任。

（15）食堂卫生许可证由投标单位办理，学院负责协助。所需费用由投标单位承担。因投标单位原因造成许可证延误，造成后果由投标单位负责。

（16）投标单位在收到中标通知书一周内须向甲方缴纳履约保证金人民币拾万元整。租赁期满时，若投标单位没有违反合同有关条款约定，所交押金全部无息退还。

（17）投标单位不得转租转包，不得经营餐饮服务之外的非法项目。无特殊原因，双方均不得终止合同，违约方应支付守约方违约金人民币3万元整。若因政府有关部门责令终止、招标方因新校区建成整体搬迁等不可抗原因造成合同终止时，双方均不负责赔偿责任。

（18）学院提供给投标单位的所有设备设施（包括水电设施），均由投标单位负责保管和维修，所需费用全部由投标单位承担，如有损坏或丢失，应按约定价格赔偿（即设备设施，扣除4%的价值后，按陆年折旧分摊，每年折旧率为16%。学院扣除使用年限折旧价值后，其余部分由投标单位赔偿）。设备价格详见《设备移交清单》。投标单位在没得到学院的书面同意下，不得随意拆除现有设备及设施。但投标单位新添置的可移动的设施及设备，在合同期满后，所有权归投标单位。

（19）学院将指派专人对食堂进行管理，管理费用由投标方承担（每月约1000元，签订合同时另行商定）。

三、投标书编制

（一）投标书的组成（按照以下顺序编制投标书）

（1）公司简介（包括企业概况）、法人代表或法人代表授权书、餐饮企业营业执照复印件、卫生许可证以及企业代码复印件（需附相关证明材料）。

（2）经营业绩（需附相关证明材料）。

（3）制订食堂经营方案，方案内容主要包括以下几点：

① 人员配备；

② 规章制度、实施措施；
③ 经营方案；
④ 方式及品种；
⑤ 经营内容（包括原料的采购、卫生保障、饭菜价位的制定等各方面）；
⑥ 人员招聘（工资、福利、伤残、社医保等）；
⑦ 违约责任的承担与赔偿；
⑧ 其他。

（4）安全承诺书（财产、人员、食品、水电火等）。

（二）投标文件要求

（1）投标书要求A4纸编制。投标书应打印，不得有加行、涂抹或修改。如有修改必须在修改部位加盖公章。

（2）投标书要求有两本。正本一本，副本一本。密封后在规定时间内送到福建生物工程职业技术学院后勤管理处，投标书送达后，不得撤回或修改。

四、投标风险及履约保证金

（1）投标人应充分考虑到像物价起伏等因素造成的投资成本增加的后果。

（2）需缴纳投标保证金。保证金应于规定时间前到达以下指定账户，未按时缴纳的投标无效。

开户名称：福建生物工程职业技术学院

开户银行：中国建设银行股份有限公司福州城南支行农大分理处

账号：3500188630005000××××

五、发标、投标、开标、评标的时间和地点

（1）发标时间：20××年×月×日。

（2）投标时间：截止到20××年×月×日上午9点。

（3）开标时间、地点：所有投标方代表于20××年×月×日上午9：30到福建生物工程职业技术学院后勤管理处参加开标。

（4）评标：招标方组成评标工作小组，对投标文件进行评估。

六、中标通知

经学校招标工作小组审查、评估、论证后确定中标单位，经公示5日后通知中标单位。

未中标单位在学院网站下载《办理退回投标保证金函》，经招标办确认签署后到学院财务处办理保证金退回手续。

七、本项目招标的解释权归福建生物工程职业技术学院。

八、投标人对本次招标活动事项提出疑问的，请在投标截止时间3日之前，以正式信函的形式通知招标人，一般情况可与招标联系人或咨询人联系。

九、如有变更增加，将在福建生物工程职业技术学院网站上通知，请投标人关注。

招标联系人：余效龙　　招标电话：0591－2285××××

合同主要要求：

（1）合同期限三年。

(2) 学校对中标方不收取房租及设备设施使用费。

(3) 学院对食堂发生的水、电费用给予一定的补贴，原则上不低于30%。

(4) 中标餐饮企业需向福建生物工程职业技术学院缴纳履约保证金10万元整。

(5) 食堂现有的设施设备经双方确认，移交中标方使用，维修改道经学院同意后由中标方负责，并承担费用。合同期满应确保归还设施设备完好。其他由中标的餐饮企业自行购置的设施设备，合作期满归中标方所有。

(6) 食堂在规定的开饭时间内菜不脱销；可采用套餐和小炒等形式。主食：三餐不少于2种，菜类：早餐不少于6种，午、晚餐不少于15种。所供食品明码标价。中、晚餐均应有免费汤供应，免费汤品种每周至少更换3次。价格不高于同类学院的价位。不随意或变相涨价。

(7) 餐厅员工要热情、周到、文明服务，统一着装，挂牌上岗。未经允许不得在校园内摆摊设点。

(8) 未经学院以书面方式许可，食堂不得以学院的名义从事任何活动。在工作期间，应当接受学院必要的监督检验。不得整体或分隔向第三方出租、转借、外包。

投标人：　　年　月　日

第五节　投　标　书

一、投标书的概念、种类和特点

(一) 投标书的概念

投标书是投标人根据招标人的招标条件和要求，向招标人提出承办申请并提供备选方案的文书，是为适应招标、投标活动的需要，按一定格式、要求而编制的法律文书，其撰写必须符合投标法的规定。

(二) 投标书的种类

1. 生产经营类投标书

生产经营类投标书是针对工程建设、承包租赁、劳动服务、产品扩散而编制的投标书。

2. 技术投标书

技术投标书主要是针对技术引进、开发或转让，科研课题，关键技术项目而编制的投标书。

3. 生活投标书

生活投标书是针对生活需要而编制的投标书，如换房投标书。

(三) 投标书的特点

1. 针对性

投标书要针对招标书的内容、要求、标准、条件和招标单位的实际承办能力来写。

2. 真实性

投标书的内容必须是真实、客观准确的，不能为了中标而夸大自己的实力和能力。

3. 竞争性

投标本身就是一种竞争性很强的法律行为，为了能够中标，投标书的语言和内容都富于竞争力，尽可能以较低的标价和较好的质量与效益中标。

4. 保密性

投标书在开标前一定要保密，未密封、未盖印及过期的投标书均无效。

二、投标书的结构

投标书的结构一般包括标题、正文和落款三部分。

（一）标题

标题一般由投标单位名称和文种组成；或由投标项目和文种组成；或只写文种即可。

（二）正文

正文由主送单位、前言、主体组成。

（1）主送单位，即招标单位，应顶格写明全称。

（2）前言。前言要简明扼要地说明投标方案的依据、目的、指导思想，并表明承办态度。

（3）主体。

① 要根据招标书规定的条件和要求，分析投标企业（或个人）的现状，包括企业规模、级别、固定资产、流动资产、经营思想、技术力量、工艺水平、设备状况、服务质量、职工素质以及以往业绩等，找出优势及存在的问题。

② 要详细说明招标项目的具体指标，明确投标方式和投标期限。

③ 提出首先指标、实现任务的方案、措施，表明投标的信心和决心，或提出有关意见和建议。

（三）落款

落款应写明投标单位的名称、单位地址、电话、传真、邮编、网址、联系人和制作日期，并加盖公章。如有必要，可附上担保单位的担保书、有关图纸和表格等。

三、投标书的写作要求

（1）要遵守国家的法规、政策。
（2）要做好充分的调查研究。
（3）要有竞争意识。
（4）要实事求是，切实可行。
（5）格式要规范，语言要准确。

案例：

投标书

致：_____

根据贵方为_____项目招标采购货物及服务的投标邀请_____（招标编号），签字代表_____（全名、职务）经正式授权并代表投标人_____（投标方名称、地址）提交下述文件正本一份和副本一式_____份。

（1）开标一览表；

（2）投标价格表；

（3）货物简要说明一览表；

（4）按投标须知第十四条、第十五条要求提供的全部文件；

（5）资格证明文件；

（6）投标保证金，金额为人民币_____元。据此函，签字代表宣布同意如下：

① 所附投标报价表中规定的应提供和交付的货物投标总价为人民币_____元。

② 投标人将按招标文件的规定履行合同责任和义务。

③ 投标人已详细审查全部招标文件，包括修改文件（如需要修改）以及全部参考资料和有关附件。我们完全理解并同意放弃对这方面有不明及误解的权利。

④ 其投标自开标日期起有效期为____年____月____日。

⑤ 如果在规定的开标日期后，投标人在投标有效期内撤回投标，其投标保证金将被贵方没收。

⑥ 投标人同意提供按照贵方可能要求的与其投标有关的一切数据或资料，完全理解不一定要接受最低价格的投标或受到的任何投标。

⑦ 与本投标有关的一切正式往来通信请寄：

地址：

电话：

投标人代表姓名、职务：

投标人名称（公章）：

日期：　　　年　　月　　　日

传真：

邮编：

全体代表签字：

第四章 日常文书

第一节 计　划

一、计划的定义

　　计划的行政机关、团体、企事业单位、部门或个人预先对一定时期内要做的工作或要完成的任务加以书面化、条理化和具体化的一种事务文书。计划是一个泛称的概念，常见的如"规划""纲要""方案""要点""设想""安排""打算""部署"等都是计划；"规划"或"纲要"是一种时间较长、范围较广、内容较概括的计划。"方案"是一种从目的、要求、方法措施和进度等方面做出全面而详细安排的计划；"安排"或"打算"是一种内容较单一的计划；"要点"或"设想"是一种对一个时期工作提出指导原则和总的要求，内容较粗略的计划。

　　制订计划是一种科学的工作方法。古人云："凡事预则立，不预则废。"任何国家、政党，任何单位和个人，无论做任何事，只有制订详细可行的计划，才能避免盲目性，减少不必要的损失，从而提高工作效率，预期或提前完成任务，达到目标。

二、计划的特点

（一）目的性

　　计划是为完成任务而制订的，因此，任何一份计划都必然有一定的目标和任务。目标明确、任务具体是制订计划的前提条件，也是制订计划的可靠依据。

（二）预见性

　　计划是对预期工作做出的安排，预期就有一定的时间限制。计划一般都将目标、指标分解，时间分段，分步骤地去完成各项指标，最终达到完成预期目标的目的。所以，制订计划应充分预测能够达到的目标、可能遇到的情况和问题，并考虑到解决的措施。

（三）可行性

　　制订计划是为了付诸实现，因而必须切实可行，必须有明确的可行措施和步骤作为保障，使其能够指导具体的工作实践。否则，计划便没有实际的意义。

(四) 指导性

计划的指导性主要体现在为未来工作提出科学的、合理的、具体的、可行的工作目标、步骤、措施、方法。因此，指导性是计划的根本特性，包含着规定和约束的功能。这一特性主要是由计划的写作目的决定的，旨在使有关人员在执行计划、开展工作时有所参照，有所依据，以避免工作的随意性和盲目性。

三、计划的种类

从不同的角度，计划有不同的种类。

(一) 按范围划分

计划按范围划分，有全国计划、全省计划、全市（县、区）计划、本单位计划、科室计划、个人计划等。

(二) 按内容划分

计划按内容划分，有生产计划、工作计划、科研计划、教学计划、学习计划等。

(三) 按时间划分

计划按时间划分，有长期计划（五年以上）、中期计划（三年至五年）、短期计划（三年以下）、年度计划、季度计划、月度计划等。

(四) 按效力划分

计划按效力划分，有指令性计划（指国家下达的具有行政约束力的计划，必须严格执行，保证完成）、指导性计划（指在目标任务上提出基本要求，对下级工作进行指导性的工作任务规范）。

四、计划的写作方法

计划可以采用多种表现形式，常见的有以下四种：

(一) 文章式（文件式、段落式）

如同一般的文章，由层次和段落构成，以叙述的方式陈述计划，适用于原则要求多而具体指标少的计划，如要点、意见、安排等。

(二) 条文式

将计划内容列成条文，分条逐项逐一写清，适用于比较具体的近期计划。条文式是写作计划时最常使用的表达形式。

（三）图表式

将计划项目设计为表格或图形，然后填写具体的计划内容。一些内容较多、内容单一的纯粹业务性的计划，如财务计划、购销计划等多采用这种形式。

（四）综合式

有些内容比较复杂的计划，既有文字的说明，又分为条列项表述，还需填写好表格、图示。

五、计划的构成

（一）标题

1. 全结构标题

由"单位名称、时间期限、事由、文种"组成，如《××市规划局 2005 年工作计划》。

2. 省略结构标题

① 由"单位名称、事由、文种"组成，如《××市司法局"四五"普法工作计划》。

② 由"时间期限、事由、文种"组成，如《2006 年上半年政治学习计划》。

③ 由"事由、文种"组成，如《教学工作计划》。

3. 文章式标题

一般按计划的主题或要达到的目标拟定，多用于政府及主管部门工作报告使用，如《厚积薄发，为提高××省地区生产总值而努力》。未定稿的计划，应在标题后或下一行用括号注明"草案""未定稿""讨论稿""送审稿"等字样。

（二）正文

正文一般由计划的前言、主体、结尾三部分组成。

1. 前言

前言主要是概述制订计划的指导思想、目的、总的任务、意义等。通常用"为此，特将××工作计划安排如下："来统领具体计划事项。这部分重在说明"为什么要制订计划"，应写得简明扼要。

2. 主体

主体是计划的核心，也是计划的具体事项，要重点说明"做什么""怎么做""分几步做"和"何时完成"。一般要具体说明计划的指导思想、目标任务、措施办法、步骤、时间安排等内容。这部分应采用分条列项的方法写作，既要全面周到，又要力求具体明确，层次清楚，有条不紊。

3. 结尾

结尾一般写希望、决心、号召或要求，应略写或不写。

(三)落款

落款包括署名和日期。国家机关制订的大型规划,制发日期多在标题下加括号标识。如果在标题处已署名,此处只需写制发日期即可。如果是上报或下达的计划还要加盖印章。如有附件材料,可标注在尾部左下方。

六、计划的写作要求

(1) 要全面把握党和国家的有关方针、政策和上级的指示精神,结合本单位的实际状况、未来工作的进程和发展趋势制订计划。

(2) 要坚持实事求是的原则,从实际出发,所定的目标、任务、措施和办法等既要具体实在,又要突出重点,切实可行,具有科学性和可操作性。

(3) 语言要简明平实,不要凭空想象,随意夸张。

案例:

电话营销计划

从刚开始的拒绝率达到90%以上,到现在我已积累几百名客户。其中的滋味真是一句话难以形容。正因为这些拒绝让我的心态变得更好、更成熟,能有今天的成就我感谢这些客户。以下是我做出的××××年电话销售工作计划:

在年度销售工作计划里我主要将客户信息划分为四大类:

(1) 对于老客户和固定客户,要经常保持联系,在有时间有条件的情况下,送一些小礼物或宴请客户,以稳定与客户的关系。

(2) 在拥有老客户的同时还要不断从各种媒体获得更多客户信息。

(3) 要有好业绩就得加强业务学习,开阔视野,丰富知识,采取多样化形式,把学业务与交流技能相结合。

(4) 今年的销售工作计划我对自己这样要求:

① 每周要增加5个以上的新客户,还要有5~10个潜在客户。

② 一周一小结,每月一大结,看看有哪些工作上的失误,及时改正下次不要再犯。

③ 见客户之前要多了解客户的状态和需求,再做好准备工作才有可能不会丢失这个客户。

④ 对客户不能有隐瞒和欺骗,这样不会有忠诚的客户。在有些问题上自己和客户是一致的。

⑤ 要不断加强业务方面的学习,多看书,多上网查阅相关资料,与同行们交流,向他们学习更好的方式方法。

⑥ 对所有客户的工作态度都要一样,但不能太低三下四。给客户一个好印象,为公司树立更好的形象。

⑦ 客户遇到问题,不能置之不理,一定要尽全力帮助他们解决。要先做人再做生意,让客户相信我们的工作实力,才能更好地完成任务。

⑧ 自信是非常重要的。要经常对自己说"你是最好的，你是独一无二的"。拥有健康乐观、积极向上的工作态度才能更好地完成任务。

⑨ 和公司其他员工要有良好的沟通，有团队意识，多交流，多探讨，才能不断增长业务技能。

⑩ 为了今年的销售任务每月我要努力完成××万元~××万元的任务额，为公司创造更多利润。

以上就是我2017年工作计划，工作中总会有各种各样的困难，我会向领导请示，向同事探讨，共同努力克服，为公司做出自己最大的贡献。

第二节 总　　结

一、总结的定义

总结是行政机关、人民团体、企事业单位或个人对一定时间内完成的某项工作或某一阶段工作进行回顾检查、分析评价，从理论高度概括出经验或教训，发现某些工作规律或缺点错误产生的原因，用以推动今后工作的一种事务文书。

二、总结的特点

（一）回顾性

总结的回顾性与计划的预想性相对，二者有紧密的联系：计划要参考上一个阶段工作总结，而总结也要参照原定计划的实现情况来加以评估。从时间上看，总结是在事后进行的；计划是事前进行的。总结的目的是对过去一个阶段的实践活动的回顾，摆出成绩，发现不足，找出规律，以指导未来的实践。

（二）理论性

总结不仅是对过去实践的简单回顾，还要对实践过程进行分析综合，得出经验和教训，上升到理论高度，从而把握规律，提高认识。总结的目的也不仅只是得出结论，更重要的是通过对以往的实践活动进行全面、系统的分析，抽象出规律性的东西，用来指导今后的实践活动，从而提高实践能力和水平。

（三）自身性

总结是以本地区、本单位、本部门或本人为总结对象，表现的是对自身实践活动本质的概括和认识。

三、总结的种类

(一) 按范围划分

总结按范围划分,有地区工作总结、单位工作总结、部门工作总结、个人工作总结。

(二) 按时间划分

总结按时间划分,有年度工作总结、半年工作总结、季度工作总结、月度工作总结。

(三) 按内容划分

总结按内容划分,有工作总结、生产总结、经营总结、财务总结、学习总结等。

(四) 按性质划分

总结按性质划分,有综合性总结、专题性总结。

四、总结的写作方法

总结由标题、正文、落款三部分构成。

(一) 标题

1. 公文式标题

(1) 完整结构的公文式标题由"机关名称、时限、事项（内容）、文种"构成,如《××公司 2009 年财务工作总结》。

(2) 省略结构的公文式标题由"时限、事项、文种""时限、文种"或"事项、文种"构成,如《2009 年工作总结》《本季度总结》《安全工作总结》。

2. 新闻式标题

(1) 单标题：有的点明总结内容范围,如《××市城市改造的经验教训》；有的提出主要问题,如《我们是如何把科研成果转化为生产力的》；有的概括出主要经验和做法,如《科学管理是企业发展的关键》。

(2) 双标题：由正标题和副标题构成。正题点明中心；副题和"公文式"标题相似；如《抓改革促管理增效益——×××食品厂××××年工作总结》。

(二) 正文

总结的正文一般分为前言、主体、结尾三部分。

1. 前言

前言主要概述工作的基本情况、开展工作的背景和取得的工作成果与基本评价等,给人一个总体印象。写作时应力求简洁,开宗明义,不宜过长过细。

2. 主体

主体是总结的核心内容，占篇幅较大，需写得具体详细。一般来说，主体部分应该包括的内容是"做了什么""做得怎样""做出的效果和成绩"。具体来说，主要包括工作的内容、做法、取得的成绩、经验和体会、存在的问题及原因、今后打算或努力方向等内容。写作时，可按纵式结构（即按工作进程的时间顺序把总结内容分成几个阶段，分别对各个阶段的工作进行总结）来写，也可按横式结构（即按材料的逻辑关系将其分成若干部分，横向排列，标上小标题，然后一部分一部分地写）进行写作，还可以采用纵横交错式方法写作（即安排内容时，既考虑到时间的先后顺序，体现事物的发展过程，又注意内容的逻辑关系，从几个方面进行总结）。

写到成绩与经验时，要运用具体事例、统计数据，用对比方法说明成绩、经验、体会，找出规律性的东西，不能简单地罗列、堆砌材料。

写到问题及原因时，要从主观和客观两个方面进行分析，把它上升到理论高度，使之成为下一阶段工作的借鉴，不要生拼硬凑，无中生有。

3. 结尾

结尾部分或概述全文，或提出努力方向，或表示决心、信心等。写这部分时，可针对存在的问题提出下一步改进工作的打算、设想、安排等。语言要有概括性，篇幅要简短。当然，也可以不写结尾，将主体内容写完即收尾。

（三）落款

在正文右下方署上机关名称和日期。如标题之下已署名，文末则不写。个人总结的署名一般写在正文的右下方；单位总结的署名，可以放在文末的右下方，也可置于标题下方。

五、总结的写作要求

（一）实事求是

写总结要从客观实际出发，如实反映情况，恰当评价工作。对工作的成绩、缺点、经验、教训等所做的结论合乎客观实际情况。

（二）抓住重点

总结往往要反映几个方面的内容，但各项内容不能平均用墨，而要有所侧重。要根据具体的写作目的和工作状况的特点取舍内容、确定重点，避免面面俱到、泛泛而谈。

（三）总结规律

总结的写作目的就是找出工作的规律性，即进行某项工作或活动的经验教训，用以指导今后的实践。通常做到以下两点，便可反映工作的规律性：第一，能够回答和解决本单位、本部门工作或业务工作中的关键问题；第二，能够推动和指导全局工作，对同类工作或业务工作具有普遍意义。

案例：

销售经理年终工作总结

转眼间，20××年已成为过去，成为历史，但我们仍然记得去年一整年的激烈竞争。本行业竞争虽不是特别激烈，但大街上四处飘着的招聘条幅足以让人体会到20××年阀门行业将会是一个大的竞技场，竞争也将更加白热化。市场总监、销售经理、区域经理，大大小小上千家企业都在抢人才，抢市场，大家切身感受到了市场的残酷程度，坐以只能待毙。总结是为了来年扬长避短，对自己有个全面的认识。

一、任务完成情况

今年实际完成销售量为5 100万元，其中一车间球阀2 100万元，蝶阀1 200万元，其他1 800万元，基本完成了今年初既定的目标。

球阀常规产品比去年有所下降，偏心半球增长较快，锻钢球阀相比去年有少量增长；但蝶阀销售不够理想（计划是在1 500万元左右），大口径蝶阀（DN1 000以上）销售量很少，软密封蝶阀有少量增幅。

总的说来是销售量正常，OEM增长较快，但公司自身产品增长不够理想，"双达"品牌增长也不理想。

二、客户反映较多的情况

对于我们生产销售型企业来说，质量和服务就是我们的生命，如果这两方面做不好，企业的发展壮大就是纸上谈兵。

（1）质量状况：质量不稳定，退、换货情况较多。如×××客户的球阀、×××客户的蝶阀等，发生的质量问题接二连三，客户怨声载道。

（2）细节注意不够：如大块焊疤，表面不光洁，油漆颜色出错，发货时手轮落下等。虽然是小问题但却影响了整个产品的质量，并给客户造成很坏的印象。

（3）交货不及时：生产周期计划不准，生产调度不当常造成货期拖延，也有发货人员人为因素造成的交期延迟。

（4）运费问题：关于运费问题客户投诉较多，尤其是老客户，如×××、×××、×××等人都说比别人的要贵，而且同样的货，同样的运输工具，今天和昨天不一样的价。

（5）技术支持问题：客户的问题不回答或者含糊其词，造成客户对公司抱怨和误解，×××、×××等人均有提到这类问题。问题不大，但与公司"客户至上""客户就是上帝"的宗旨不和谐。

（6）报价问题：因公司内部价格体系不完整，所以不同的客户等级无法体现，老客户、大客户体会不到公司的照顾与优惠。

三、销售中的问题

经过近两年的磨合，销售部已经融合成一支精干、团结、上进的队伍。团队有分工，有合作，人员之间沟通顺利，相处融洽；销售人员已掌握了一定的销售技巧，并增强了为客户服务的思想；业务比较熟练，都能独当一面，而且工作中的问题善于总结、归纳，找到合理的解决方法，×××在这方面做得尤其突出。各相关部门的配合也日趋顺利，能相互理解和支持。好的方面需要再接再厉，发扬光大。但问题方面也不少，具体如下：

（1）人员工作热情不高，自主性不强。上班聊天、看电影、打游戏等现象时有发生。究其原因，一是制度监管不力，二是销售人员待遇较低，感觉事情做得不少，但和其他部门相比工资却偏低，导致心理不平衡。

（2）组织纪律意识淡薄，上班迟到、早退现象时有发生。这种情况存在公司各个部门，公司应该有适当的考勤制度，有不良现象发生时不应该仅有部门领导管理，而且公司领导要出面制止。

（3）发货人员的观念问题。发货人员仅仅把发货当作一件单纯任务，以为货物出厂就行，少了为客户服务的理念。其实细节上的用心更能让客户感觉到公司的服务和真诚，比如货物的包装、清晰的标记，及时告知客户货物的重量，到货时间，为客户尽量把运输费用降低等。

（4）统计工作不到位，没有成品或半成品统计报表，每一次销售部都需要向车间询问货物库存状况，这样一来可能造成销售机会丢失，造成劳动浪费，而且客户也怀疑公司的办事效率。成品仓库和半成品仓库应定时提供报表，告知库存状况以便及时准备货品和告知客户具体生产周期。

（5）销售、生产、采购等流程衔接不顺，常有造成交期延误事件且推脱责任，互相指责。

（6）技术支持不顺，标书图纸、销售用图纸短缺。

（7）部门责任不清，本末倒置，导致销售部人员没有时间主动争取客户。

以上问题只是诸多问题中的一小部分，也是销售过程中时有发生的问题，虽不至于影响公司的根本，但不加以重视，最终可能给公司的未来发展带来重大的损失。

四、关于公司管理的想法

我们双达公司经过这两年的发展，已拥有先进的硬件设施和完善的组织结构，生产管理也进步明显，在温州乃至阀门行业都小有名气。应该说，只要我们战略得当，战术得当，用人得当，前景将是非常美好的。

"管理出效益"，这个准则大家都知道，但要管理好企业却不是件容易的事。我感觉公司比较注重感情管理，制度化管理不够。严格来说公司应该以制度化管理为基础，兼顾情感管理，这样才能取得管理成果的最大化。就拿考勤来说，天天打卡，可是迟到、早退的没有处罚，加班的也没有奖励，那么打不打卡有什么区别？不如不打。又如员工工作怠慢没人批评指正，即使有人提起最后也是不了了之，这是姑息、纵容，长此以往，公司利益必然受损。

过程决定结果，细节决定成败。公司的目标或者一个计划之所以最后出现偏差，往往是在执行的过程中，某些细节执行不到位所造成的。老板们有很多好的想法、方案，有很宏伟的计划，为什么到了最后都没有带来明显的效果？比如说公司年初订的仓库报表、成本核算等，开会时一遍又一遍地说，可就是没有结果，为什么？这就是政令不通、执行力度不够啊。这就是为什么国内企业最近几年都很关注"执行力"的一个重要原因，执行力从哪里来？过程控制就是一个关键！完整的过程控制分以下四个方面：

（1）工作报告。相关人员和部门定期或不定期向总经理或相关负责人汇报工作，报告进展状况，领导也抽出时间主动了解进展状况，给予工作上的指导。

（2）例会。定期的例会可以了解各部门协作情况，可以共同献计献策，并相互沟通。公司的例会太少，尤其是纵向的沟通太少，员工不了解老总们对工作的计划和对自己工作的看法，而老板们也不了解员工的想法，不了解员工的需要。

（3）定期检查。计划或方案执行一段时期后，公司定期检查其执行情况，是否偏离计划，是否要调整，并布置下一段时期的工作任务。

（4）公平激励。建立一支和谐的团队，调动员工的积极性、主动性都需要有一个公平的激励机制。否则会造成员工之间产生矛盾，工作之间不配合，上班没有积极性。就我的个人看法，我认为销售部的工资偏低，大环境比较行业内各个阀门厂销售人员的待遇，小环境比较公司内各部门的待遇。虽然销售部各员工做得都很敬业，实际上大家内心都有一些意见。如果公司认为销售部是一个重要的部门，认可销售部员工的辛苦，希望能留住那些能给公司带来利润的销售人员，那么我建议工资还是要有相应调整，毕竟失去一位好的销售人员的损失太大了。

另一个方面就是公司管理结构和用人问题。由于公司自身结构的特殊性，人事管理上容易出现越级管理、多头管理和过度管理等现象。越级管理容易造成部门经理威信丧失，积极性丧失，最后是部门内领导与员工不融洽，遇事没人担当责任；多头管理则容易让员工工作无法适从，担心工作失误；过度管理可能造成员工失去创造性，员工对自己不自信，难以培养出独当一面的人才。

在365天的工作中，虽然暴露出一些问题，但我们认为出现问题不可怕，可怕的是不知道存在的问题。只要暴露了问题，我们就有信心、有能力战胜自我，不断改进新年度的工作。

第三节　简报和述职报告

一、简报

（一）简报的定义

简报是行政机关、人民团体和企事业单位内部用于汇报工作、反映问题、沟通情况、指导工作、交流经验、传递信息的一种简短的有一定新闻性和报告性的文书。

简报是一类文书的统称，主要包括"简讯""工作通信""工作简报""工作动态""情况反映""内总参考""工作通报""快报""情况交流"和"信息快报"等。尽管名称不同，但其共性和作用是基本一致的，都属于简报类应用文体。

（二）简报的特点

1. 真实性

真实性是简报的生命和灵魂。简报的内容要求是客观真实的，不能有虚构和想象的成分，否则，简报便丧失了存在的价值，起不到它应有的作用。

2. 简明性

简报以简取胜，在编辑写作时应注意简明、简练、简要，即材料要精练，语言要简明，篇幅要简短。

3. 时效性

简报是一种新闻性的应用文体，强调时效性。新的情况应及时上报，以便领导掌握新的动态；新鲜经验，应尽快交流，以便及时总结推广。

4. 新颖性

简报的内容要有一定的新闻价值，即内容要尽量富有新意，把新事物、新情况、新经验、新问题、新动向迅速及时地反映出来，以供他人借鉴使用，这是简报的使命所在。

（三）简报的类型

从不同的角度，简报有不同的分类。按其内容，大致可分为以下三种类型：

（1）综合简报：是反映本部门、本系统各方面工作情况和问题的简报，也称情况简报或动态简报。它报道的内容主要是本部门、本系统管辖范围内发生的重大问题、事件及其处理结果。这种简报一般是定期或不定期地编发，用以指导、推动本部门、本系统的工作。

（2）专题简报：是将某项专门工作的动态、进展、经验、问题等向上级部门汇报，或向有关部门通报情况，或下发所属基层单位借以推动工作。这种简报报道的事件相对集中，都是围绕某一项专门工作或中心工作来编写的。

（3）会议简报：是专门送报、交流有关重要会议内容，反映与会者意见和建议的简报。会议简报又分为综合简报和进程简报两种，前者是将整个会议编一期简报，在会议后期发送；后者是编发多期简报，一般重大的、时间较长的会议都编发进程简报，即在每个小阶段编发一次，有时天天编发，供与会者互通情报、交流经验。

（四）简报的格式

简报的格式没有法定性，这里介绍的是比较常见的简报格式，大致分为报头、报核和报尾三个部分，相互用红色横线隔开，如图4-1所示。

密级编号：×××		
	××××	
	（第×期）	
编印单位		××××年×月×日

（按语）
标题
正文

报：×××××（上级机关）
送：×××××、××××××（同级机关）
发：×××××××××（有关下级机关）
打印：×××、×××　　校对：××　　　　　　　　　印数：××××

图 4-1　简报的格式

1. 报头

报头在简报首页上方，占 1/3 篇幅。

（1）简报名称

在报头中间用醒目的大字标出简报名称，居中用套红或不套红的大号字印刷。简报名称多种多样，常用"××简报""××动态""情况反映"等四字名称。此外，简报名称还可以加上单位名称、专项工作等内容，如"公安局反扒工作简报"。如有特殊内容而又不必另出一期简报时，在名称或期数下面注明"增刊"或"××专刊"。

（2）期号

在简报名称下方正中用括号标注第×期（也可不加括号）。综合工作简报一般按年度统编顺排期号；专题简报按本专题统编顺排；增刊直接标明"增刊"。也有总期号与年度期号同时标注的。

（3）编印单位

在间隔线上方左侧标明制发简报的单位名称。

（4）印发日期

在间隔线上方右侧标明印发时间，与编印单位并排于期数的右下方，写全年、月、日。

（5）保密提示及编号

有保密要求的简报标明密级，必要时添加份数编号，排在简报名称左上方，用"秘密""机密""绝密""内部资料，注意保存"等字样标明密级。如果是一般性简报，则无须标明密级。

（6）编号

排在简报名称右侧的上方位置，标出该份简报在其印刷数量中的顺序号。

2. 报核

（1）按语

有的简报会在正文之前加按语。按语的主要内容是工作任务来源、本期重点稿件的意义和价值、征稿通知、征求意见等。按语格式通常为"按""按语""编者按""编者的话"等，也有的是在正文前加一小段文字。按语不另起行，一段成文，一般在字体、字号上与正文有明显区别。

（2）标题

简报的标题应揭示主题、简短醒目。一期简报可刊登一份或数份材料，每份材料都必须有自己的标题。集束式简报可编排目录，目录中无须添加序码和页码，为避免混淆，可在每项前添加一个五角星标志。

（3）报文

报文即标题与正文，是简报的核心内容。正文由导语、主体和结语构成。

（4）供稿者

部分报文会将稿件的供稿者或转载的出处，在正文之后右下方用括号注明。如果是编写者自己写的稿件，可以不署名。

3. 报尾

在简报末页下三分之一处用分隔线将报尾与报核部分分开，在与分隔线平行的另一横线间标明本期简报的"报""送""发"单位名称，右侧注明本期印数。

（五）简报报文的写作方法

简报的写作模式多种多样，没有固定统一的模式，但大部分由标题和正文构成。

1. 标题

简报的标题类似于新闻的标题，可分为单标题和双标题两种基本类型。

（1）单标题

将报道的核心事实或其主要意义概括为一句话作为标题，如"高校产业规划建设培训工作全面展开"。

（2）双标题

双标题有如下两种情况：

① 正题＋副题：正题突出文章主题，副题则对正题起补充说明作用，如"适应市场求发展、与时俱进写新篇——××物业管理学校办学情况调查"。

② 引题＋正题：引题指出作用和意义，正题概括主要报道内容，如"以质量求生存——××集团公司开展'生产规范评先进'的活动"。

2. 正文

（1）导语

导语即简报的开头，可以说写好导语就等于写好了简报的一半。简报的导语要求用简短的文字，准确地概括报文的主旨和内容，说明报道的宗旨，引导读者阅读全文，使读者看完即可了解全文梗概。常见的有叙述式导语（即用叙述的方法交代时间、地点及意义等）、提问式导语（即开门见山，提出主要问题，以引起读者注意）和结论式导语（即只写结果，点明主旨）。

（2）主体

主体是简报的中心内容，是导语的具体展开。要利用充足、典型、有说服力的材料，将导语提出的核心内容加以充实，使其具体化。主体的内容或反映具体情况，或介绍具体做法，或叙述取得的成绩和经验，或指出存在的问题，或是以上这些兼而有之，要视具体情况而定。写作时要注意材料和主旨的统一，一般采用先叙后议的方法，也可以夹叙夹议。如果内容较多，要注意写作的条理性、层次性和逻辑性。

（3）结语

结语部分或指明事情的发展趋势，或提出希望以及今后打算。简报要求篇幅短小精悍，结语更要精练。如果在导语和主体中已经表述清楚完整，可以不写结语。

3. 报尾

报尾包括发送单位和编印份数，位于简报末页的下端。

（1）发送单位

可以笼统地注明"发送单位：×××"；也可分别标明，如"报：×××""送：×××""发：×××"。报，是指简报需报的上级单位；送，是指简报送往的同级单位或不相隶属的单位；发，是指简报发放的下级单位。应加间隔线将标识内容隔开。

（2）编印份数

编印份数位于发送单位右下方，标明"共印××份"。

（六）简报的写作要求

（1）语言应力求简明扼要。简报的重要特点之一是"简"，故无须深入阐述。

（2）抓准问题，有的放矢。应找到那些有价值的情况和信息，抓住那些最重要的、最典型的问题来写，不要事事必录。

（3）材料真实、准确。简报中的材料信息应完全真实，不能虚构，人名、地名、时间、数据必须准确无误。评价也要恰如其分，中肯到位，不要任意夸大或缩小。

（4）要注意时效性和新颖性。简报具有一定的时效性，应快速撰写和编印，讲究时效；内容要力求新颖，有新闻价值。

二、述职报告

（一）述职报告的定义

述职报告是各类公职人员向所在单位的组织、人事部门、上级机关和职工群众，如实陈述本人在一定时期内履行岗位职责情况的一种事务文书。

《孟子·梁惠五上》说："诸侯朝天子曰述职。述职者，述所职也。"可见，所谓述职就是陈述职守，报告职责范围内的工作。述职报告与总结都具有回顾过去工作的性质，因此容易混淆。二者的区别在于：述职报告的内容重在陈述履行职责的业绩和能力等；总结侧重于工作经验体收获和存在的问题。

（二）述职报告的特点

1. 客观真实性

述职报告在陈述业务能力、工作实绩时必须实事求是，客观真实，不能虚构浮夸，成绩应肯定，缺点不掩饰。

2. 自我评价性

述职报告具有总结报告的一般特点，但更侧重对自我的评价。作者只能是任职者本人，常采用第一人称。

3. 报告性

述职报告是陈述性文体，要求报告人向上级汇报工作并接受考核、评议、监督。报告的内容应尽量口语化，语言必须得体，态度必须诚恳，交代必须清楚。报告常用叙述和议论相结合的表达方式。

（三）述职报告的种类

述职报告按不同的标准划分，有如下种类。

1. 按述职时限来分

（1）临时述职报告：即担任一定职务人员，临时向有关组织和公众汇报履行职责情况，以接受组织的考核和群众的监督。

（2）年度述职报告：即任职者在每个年度末或下一个年度初向有关组织和公众汇报履行职责的情况，内容限于本年度的工作。

（3）任期述职报告：即任职者在任期届满后，向有关组织和公众汇报其履行职责情况，内容限于任期内的工作。

2. 按述职报告的主体来分

（1）个人述职报告：即述职者不是代表单位部门或集体作述职报告，而是就自己个人在任职期间的履行职责情况向有关组织和公众作述职报告。

（2）集体述职报告：即述职者一般是单位或部门的主要负责人，代表集体或部门作工作报告。如各级人民政府的工作报告和各级人民法院向各级人民代表大会的工作报告，即属于这类述职报告。

（四）述职报告的写作方法

述职报告主要由标题、称谓、正文、落款四部分组成。

1. 标题

（1）全结构标题：由述职者、时限和文种构成，如《××2007年述职报告》。

(2) 省略结构标题：由述职者和文种构成，如《××述职报告》；或由时限、职务和文种构成，如《××年任××职期间的述职报告》。

(3) 新闻式标题：由单行标题和双行标题构成。

① 单行标题，如《求真务实，积极进取》。

② 双行标题，由正题和副题构成，正题概括报告主旨，副题补充说明何人担任何职，如《抓住机遇，迎接挑战——××总经理的述职报告》。

2. 称谓

即述职报告的汇报呈送的对象，如"各位领导""同志们""董事会"等。

3. 正文

正文一般由导语、主体和结语三部分组成。

(1) 导语：概述现任职务、任职期限、岗位职责、任职期内业绩的总体评价。

(2) 主体：详述履行职务的基本情况、工作实绩、工作经验及教训、存在的问题和努力方向等。一般采用条文式或小标题式分别叙述。这一部分要写得既详细具体，又重点突出，不能面面俱到。

(3) 结语：或简要概述全文主要内容，或表明信心和决心，或用惯用语收束全文，如"以上是我的述职，谢谢诸位""以上报告，请各位领导和同志们指正"等。

4. 落款

在落款处（正文右下方）署上述职者的姓名和日期，一般在述职者姓名前冠以单位和职务名称，也有的在标题的正下方署名。

（五）述职报告的写作要求

(1) 注意述职报告和工作总结的区别。

(2) 自我评价要实事求是，恰如其分。既要着重事实，又要展示自己；既不能虚构浮夸、妄自尊大，又不能假装谦虚、妄自菲薄。

(3) 要综合运用多种表达方式。述职报告以叙述为主，但也可以叙述、议论和说明相结合。这样可以达到以理服人，以情感人的目的。

案例：

2017年个人工作述职报告

一年的时间很快就过去了，在这一年里，在各级领导的带领以及各位同事的关心帮助下，我比较圆满地完成了本年度的工作任务，在思想觉悟等方面也都有了一定的提高，本年度的总结主要有以下几项：

一、努力学习，全面提高自身素质

(1) 身为一名积极向党组织靠拢的青年，我在日常生活和工作中不断通过各种传媒了解、掌握国内外政治、经济等形势，加深了对党的认识和理解，提高了自身的党性修养。在这一年中，我坚持理论学习与实际工作相结合，不断提高自己的政治素质和理论水平。坚持以马克思、列宁主义、毛泽东思想、邓小平理论和"三个代表"重要思想为指导，自觉加强理论学习，深入细致地学习了总书记在十七大开幕式上的报告，努力贯彻十六大思想，深入体会十七大精神，较好地理解了"三个代表"精神的内涵，使我在思想觉悟方面有了一定的进步。

（2）加强业务知识的学习。今年公司与设计院搬到一起，给大家提供了便利条件，使我在工作闲暇时间能够积极参加院里组织的各种专业培训。年底，我还认真参加了北京市通信行业协会组织的通信建设工程企业管理人员安全生产培训班的学习，这也变向使我的业务知识有很大程度的提高。除此之外，我利用业余时间参加复旦大学国家信息化建设管理方向工程硕士专业学位研究生的学习，在今年顺利通过4门专业课考试，并积极准备毕业论文及毕业答辩的相关课题。

（3）向领导、向同事学习。古人说，三人行必有我师。对于像我这样工作时间不长，业务知识及工作经验都十分匮乏的年轻员工而言就更是这样。公司领导给了我很好的学习机会，在工作中有条件做到遇到困难和不懂的地方可以随时请教随时补课，使我受益匪浅。

二、协助项目总负责人完成监理任务，加强内部管理。××××年度我的工作内容有所变动，从单纯的负责工程相关文档的编写整理转变成参与整个工程过程的管理。

（1）我所在的是中国移动集团干线项目组，除了完成移动集团每年2~3期省际光传送网传输设备及光缆线路工程监理任务外，还承担了中国网通省际光传送网传输设备西北五省工程的监理任务。由于这些工程的施工时间紧、涉及范围广，作为全国三十几个省市监理人员的汇聚点，我必须及时有效地完成各种工程信息的收集与发布。因为有去年工程周报整理的经验，今年我在这方面做得就比较顺手了。同时，由于这些工程均属于统谈分签工程，各省公司又有着不尽相同的工作流程，由我负责的合同签订与工程结款事宜就变得复杂了。本年度，我共签订合同仅40余份，合同金额约90万元，由于集团工作进度缓慢，我个人经验不足、对情况认识不清，在这方面的工作就显得不够主动，未能积极想办法、找途径催要合同及结款，在很大程度上影响了项目组经营任务的完成。

（2）加强对监理队伍的管理，确保工程质量，做好服务集团的工作。××××年是建设项目较多的一年，我们项目组承接了全部中国移动省际光传送网设备安装及光缆线路工程的监理任务，以及中国网通省际光传送网传输设备西北五省的工程监理任务等，共计8个项目。在工作中，我能积极配合甲方对建设项目的要求，协助完成工程进度计划等工作。同时，我先后出差西北、华中、华东等地，深入工程监理一线，从中学习了许多的业务知识，也锻炼了自己，经过一年的不懈努力，使工作水平有了长足的进步。

（3）在工程待工期间，我还协助公司领导完成了部分地区监理人员的本地化工作。为了维护公司形象，顺利完成监理任务，我竭尽所能认真向每位新员工介绍项目组情况和注意事项，并在之后的工作中及时为他们提供可能的帮助，努力成为他们与公司沟通的桥梁。除此之外，今年开始由我负责统计项目组人员的考勤以及本项目组出差人员的报销事宜。这本是一件公司很多同事都习以为常的工作，但突然接手，特别是大部分为新聘员工，面对混乱繁杂的票据整理工作，自己也一度产生了消极情绪，延误了部分监理人员的报销，这样情绪化的工作态度是我日后要严加改正的。

××××年，在迈出校门两年以后，我逐渐蜕去学生气正视社会，在情绪上有些起伏不定,很多诱惑也有很多的迷茫,不断地重新审视自己,让我感觉到自己的不断成长。这一年我能够认真地去对待每一项工作任务,把党和国家的政策及精神灵活地体现在工作中,认真履行自己的职责,有效地利用工作时间。但由于种种原因,我个人的身体状况一直欠佳,精神状态也不够好,未能在工作中有极好的表现,在这一点上我非常感谢公司领导的包容与谅解。为了能在新的一年中做出一点成绩,我会努力锻炼身体、稳定个人情绪,尽早地成熟起来,勇敢面对新的挑战。

第四节 会议记录

在会议过程中,有专门记录人员把会议的组织情况和具体内容如实地记录下来,就形成了会议记录。

会议记录有"记"与"录"之分。"记"又有详记与略记之别。略记是记会议大要,会议上的重要言论或主要言论。详记则要求记录的项目必须完备,记录的言论必须详细完整。若需要留下包括上述内容的会议记录则要靠"录"。"录"有笔录、音录和影像录几种,对会议记录而言,音录、影像录通常只是手段,最终还要将录下的内容还原成文字。笔录也常常要借助音录、影像录,以之作为记录内容最大限度地再现会议情境的保证。

一、会议记录的格式

会议记录的格式分为记录头、记录主体、审阅签名三个部分。

记录头的内容如下:

① 会议名称;
② 会议时间;
③ 会议地点;
④ 会议主席(主持人);
⑤ 会议出席、列席和缺席情况;
⑥ 会议记录人员签名。

二、会议记录的要求

会议记录的要求归纳起来主要有两个方面,一是速度要求,二是真实性要求。

(一)速度要求

快速是对记录的基本要求。

(二)真实性要求

纪实性是会议记录的重要特征,因此确保真实就成了对记录稿的必然要求。真实性要求的具体含义如下:

(1) 准确。不添加，不遗漏，依实而记。
(2) 清楚。书写要清楚，记录要有条理。
(3) 突出重点。

（三）会议记录应该突出的重点

(1) 会议中心议题以及围绕中心议题展开的有关活动。
(2) 会议讨论、争论的焦点及其各方的主要见解。
(3) 权威人士或代表人物的言论。
(4) 会议开始时的定调言论和结束前的总结性言论。
(5) 会议已议决的或议而未决的事项。
(6) 对会议产生较大影响的其他言论或活动。

案例：

×××有限公司办公室会议记录

时间：20××年×月××日星期×　会议地点：×××　会议主持人：×××　会议记录人：××

出席人：公司各部门人员　缺席：×人　会议内容：

公司召开了业务会议，为了公司的良好发展，提出了以下内容。

××××经理提出：

(1) 关于公司人员的重新分配，从今天开始，×××着重投入于网络的优化，做好网页的宣传，而新入职的办公室助理则接手×××之前担任的行政工作内容，其他人继续做好自己的工作。

(2) 严格管理业务部，业务是最重要的模块，要加大力度抓紧和投入。

(3) 严格执行考勤制度，一个月内迟到两次要相应地扣除工资，遵守打卡制度，如有特殊情况，须提前通知请假，请假的员工需在次日到梁经理处补名。

(4) 有关座位的重新编排，把业务部的人员规划在一起，让公司有一个严谨、规范的形象。

(5) 规范一个专门对外接受咨询的QQ，每天专门由×××一人负责登录，然后分派给业务员，到月末统计网上咨询了解公司产品和信息的客户人数。这样有利于决定加大还是保持公司的投入力度。

总经理××提出：

(1) 加强生产、销售，销售是重点，需要用心做，另外还提议员工多走进车间，这样可从中更好地了解产品的参数和构造。

(2) 对商品的投放力度要加大，努力完善网站的优化。

(3) 尤其是外贸部这一模块，需对其进行更详细的细化、整理。最后，×××总结出做业务最重要的是快和专业。

×××提出：

(1) 由于下班时候办公室没有业务员的情况下仍然有电话打进，×××建议将电话转接到业务员的手机，能够及时接到电话。

(2) 办公室的仪容要靠大家一起整理，细至每一个人的座位，大至公司的财产保护，尽力改善公司的形象，让别人看到公司的规范化。

(3) 同事之间应该互相提出建议，做到一起进步和努力。

最后，×××总结了今天的会议内容，每一个员工都需要用心投入，付出与收获是成正比的，公司的发展离不开每一位员工的努力。

第五节 通 知

一、通知的概念

通知是适用于批转下级机关的公文，转发上级机关和不相隶属机关的公文，传达要求下级机关办理和需要有关单位周知或者执行的事项、任免人员的公文。通知适用范围相当广泛，显示出多功能的特征。

二、通知的特点

(一) 应用广泛，使用频率高

从行文主体角度看，通知的适用范围最为广泛，使用频率最高，任何机关、团体、企事业单位，任何级别的组织机构都可以运用；从内容上看，通知的"职能"最多，传达指示，转发文件，布置工作，发布规章，增设机构，通报情况，任免和聘用干部，召集会议，通知入学等均可以用通知。

(二) 行文方向和结构灵活

通知的行文方向可以是上级对下级行文，也可以是平行机关或不相隶属机关之间行文；由于通知所传递的信息繁简不同，其结构可以是多段、独段；或分条列项，或段篇合一，可视内容酌情决定。

三、通知的种类

根据通知的内容不同，可以分为以下六种。

(一) 指示性的通知

它是上级机关对下级机关就某一事项做出具体规定，要求下级机关办理或有关单位共同执行，如《国务院办公厅关于加强优抚工作的通知》。

(二) 批转、转发性通知

批转性通知用于批转下级机关的公文。它包括"批准"和"转发"两个部分，所批转的公文必须是下级机关的公文，被批转的公文是通知的附件，但实际上是通知的正文或主要内容，而通知本身是一个批示，以批语形式表达，如《国务院批转国家旅游局关于加强旅游行业管理若干问题请示的通知》

转发性通知用于转发上级机关、同级机关和不相隶属机关的公文，它包括转发语和被转发的公文两部分，被转发公文成为通知的附件，如《国务院办公厅转发工商局等部门关于严厉打击传销和变相传销等非法经营活动意见的通知》。

（三）发布性通知

发布性通知是将本机关的有关行政规定、条例、规则、办法等规章制度和其他重要文件，以通知的形式发给下级、所属单位或部门贯彻执行的公文，如《国务院关于发布〈国家行政机关公文处理办法〉的通知》。

（四）事务性通知

事务性通知是上级机关要求下属机关办理、执行或需要了解周知的事项时使用的公文，如《文化部关于协助中国历史博物馆修改历史陈列调用文物的通知》《关于严格遵守公路收费项目审批程序的通知》。

（五）会议通知

会议通知是组织会议的机关、单位将会议内容和相关事项预先告知拟参会的单位、部门或个人而使用的公文，如《国家科委关于召开全国高新技术产业开发区工作会议的通知》。

（六）任免通知

任免通知是用于上级机关任免和聘用人员的公文，如《国务院办公厅关于调整中国人民银行货币政策委员会组成人员的通知》。

四、通知的写作方法

（一）标题

1. 全结构式
全结构式标题由发文机关、事由和文种三部分组成。

2. 省略结构式
省略结构式标题可以省略发文机关和事由，直接用文种"通知"，这类通知主要用于内容简单、发文范围很小的事务性通知。

3. 强调结构式
根据特殊情况和具体要求，可以在文种前加表示范围、程度的词语，如"联合通知""补充通知""重要通知"等。

4. 发布性通知

由发文机关、发布与被发布公文标题、通知组成。

5. 批转、转发通知

由发文机关、批转（转发）、始发机关文件标题、通知组成。

在拟制转发性通知标题时，要注意标题过长过繁的问题，如《××市人民政府办公厅转发〈××省人民政府办公厅转发〈国务院办公厅关于贯彻执行国务院关于解决企业负担过重的若干规定中有关问题的通知〉的通知〉的通知》。

此标题有两种：

（1）采用直转法，即在"转发"二字的后面，直接采用第一发文机关的标题名称，如《××市人民政府办公厅转发国务院关于解决企业负担过重的若干规定的通知》。

（2）不采用"关于……关于"和"的通知……的通知"的句式，而在标题中直接概括文件的主旨，如《××市人民政府转发国务院关于解决企业社会负担过重问题文件的通知》。

（二）正文

1. 指示性、批示性通知的正文

指示性、批示性通知的正文一般由缘由、事项、结尾三部分构成。

（1）缘由。说明发通知的原因、目的、根据、意义或当前存在的问题。这部分要简明扼要，精练概括，然后用承启语"特作如下通知""现将有关事宜通知如下"等转入通知事项部分。

（2）事项。主要是部署工作任务，要明白具体地阐述工作意见、措施、办法以及需要注意的问题。这部分多采用分段式或分条列项写作。要求写得具体明确，条理清楚，便于下级机关领会和贯彻执行。

（3）结尾。写执行要求，一般以"以上通知，望认真执行""特此通知，请认真贯彻执行""本通知自发布之日起实行"等惯用语作结尾。

2. 转发（批转）性通知的正文

（1）写被转发（批转）文件名称，然后阐明转发（批转）该文件的必要性和意义等。

（2）写转发（批转）机关的态度、目的及评价，后面的被转发文件作为通知的具体内容，即通知的"主件"。

（3）有针对性地发出指示，提出贯彻执行的意见、要求，常用"请遵照执行""请认真贯彻执行"等，对转发（批转）的文件精神加以补充、强调或说明。

3. 发布性（规定性、颁发性）通知的正文

这类通知正文部分较简短，一般由缘由、事项构成。

（1）缘由。用简要文字交代制文目的、依据，即用"现将……"句式引出被发布的文件名称。

（2）事项。写政策性的原则规定，并提出贯彻执行的希望和要求，如果内容较多，可以分条列项进行写作。

4. 事务性通知的正文

多采用段篇合一或总分条文式结构，直陈其事，简明扼要，一般由缘由、事项、结尾三个部分构成，其写法为：

（1）缘由。直接简明地写出行文的原因或依据，然后用过渡名"现将有关事项（事宜）通知如下""为此，特作如下通知"等，后用冒号，开启下文。

（2）事项。写受文单位需要了解、知道的事项，主要包括任务、措施、办法、要求、希望等。

（3）结尾。一般以"特此通知"作结尾，如果缘由和事项两部分之间用了过渡句则不用此句作结。

5. 会议通知的正文

一般采用总分条文式或条文式结构写作，许多在条首标明"会议时间""会议地点""出席人员""主要议题"和"会议要求"等语。会议通知一般由缘由、事项构成。其写法为：

（1）缘由。写召开会议的依据、目的或背景等，然后用过渡句承上启下。

（2）事项。达到两个目的：

1）使与会人员在会前有所准备，如论文、材料、计划等；

2）要求与会人员按时到会。故必须写清楚以下内容。

① 会名。由何单位组织召开或主办。

②安排。开会的依据、目的、背景、主要议题、会期、会址、出（列）席人员、日程安排、报到时间、地点。

③要求。会前拟参会人员应做何准备，有什么希望、要求，组织会议的单位如何接待或安排等事宜，如乘车路线、车、船、飞机班次、联系人姓名、电话、传真、E-mail地址等。

一般来说，如果一个会议通知发出后立即有许多单位或人员来电话询问会议事项，这说明通知内容不详、不全或不清。

6. 任免通知的正文

这类通知因涉及人事任免问题，要特别审慎，提法、措辞、人员排列顺序等十分考究，要认真细致。其写法规范、单一，只简明扼要地写清楚任免的缘由和内容即可。

（1）缘由。写通知依据、原因等。这部分内容宜粗不宜细，宜简不宜繁，尽可能使用模糊词语。因任免的具体原因、依据等只宜上级、领导或组织掌握，有的不宜成文公开。故多写："根据工作需要，经×××（广泛征求群众意见、考核）研究决定……"或"经×××（会议、党组、党委、局务会等）研究决定……"。

（2）事项。要明确具体，排列要有序，任、免什么职务不能出一点错漏，写作时绝不要自作主张。

五、写作要求

（1）要有针对性，即针对或切合受文机关的实际情况，讲究实效，不得任意扩大它的职能，该用"指示""启示""声明"的，不用通知。

（2）具体明确，即事项要一清二楚，结构要严谨，用语要准确，以便于解决实际问题或贯彻执行。

案例：

公司表彰会议通知

全体员工：

年关将至，为表彰对本年有突出的部门和个人，为明年的工作任务进行计划与安排，公司决定召开"20××年度工作总结和表彰大会"。

为方便各部门做好活动的组织和安排工作，先将有关事项通知如下：

一、会议内容

总结20××年度工作要点。

表彰先进部门和个人。

各部门负责人发言。

公司领导做总结性发言。

二、参会人员

全体×××员工必须参加本次会议，若有不能参加会议的，必须先跟部门领导请假，在报请上级领导批准。

三、到会时间

20××年12月25日14:00时

四、会议地点

公司一层大会议室

请全体员工准时参加。

××公司人力资源部

××××年×月×日

第五章 行政文书

第一节 求职信

　　求职信是个人向机关、团体、企业或有关领导谋求职业的一种专用书信。求职信是求职者写给招聘单位的信函。它与普通的信函没有多大区别，但它与朋友间的信函又有所不同，当然也不同于"公事公办"的公文函。求职信所给的对象很难明确，也许是人事部一般职员，也许是经理，如果求职者对领导比较了解的话可以直接给领导。当然，如果求职者根本就不认识招聘公司的任何人，求职信的抬头写"人事部负责人收"较妥。

一、作用和特点

　　求职信起着毛遂自荐的作用，好的求职信可以拉近求职者与人事主管（负责人）之间的距离，能帮助求职者获得更多的面试机会。求职信是自我陈述，人事主管有太多的求职信函要看，因此求职信要简明扼要，突出重点。求职信是无业、待业或停薪留职者写给用人单位的信，目的是让对方了解自己，相信自己，录用自己，它是一种私人对公并有求于公的信函。

二、结构和写作方法

　　一般来说，求职信属于书信一类，故其基本格式也应当符合书信的一般要求。一个人的书信如果写得精彩，那么可以肯定他的求职信也不会差到哪里去。求职信的基本格式与书信无异，主要包括收信人称谓、正文、结尾、署名、日期和附录六个方面的内容。

（一）称谓

　　求职信的称呼与一般书信不同，书写时须正规些，如果写给国家机关或事业单位的人事部门负责人，可用"尊敬的处（司）长"称呼；如果是"三资"企业领导，则用"尊敬的董事长（总经理）先生"；如果是各企业厂长、经理，则可称之为"尊敬的厂长

（经理）"；如果写给院校人事处负责人或校长的求职信，可称"尊敬的教授（校长、老师）"。

求职信不管写给什么身份的人，都不要使用"老前辈""师兄（傅）"等不正规的称呼。如果打探到对方是高学历者，用"博士"的称呼则会让收信人更容易接受，无形中对求职者产生一种亲切感。

（二）正文

求职信的中心部分是正文，形式多种多样，但内容都要求说明求职信息的来源、应聘职位、个人基本情况、工作成绩等事项。

写明信息来源渠道，如"得悉贵公司正在拓展省外业务，招聘新人，且昨日又在《商报》上读到贵公司招聘广告，故有意角逐营业代表一职"。记住不要在信中出现"冒昧""打搅"之类的客气话，他们的任务就是招聘人才，何来"打搅"之有？如果应聘的目标职位公司并没有公开招聘人才，即求职者并不知道他们是否需要招聘新人时，可以采取投石问路的方式，如"久闻贵公司实力不凡，声誉卓著，产品畅销全国。据悉贵公司欲开拓海外市场，故冒昧写信自荐，希望加盟贵公司。我的基本情况如下……"，这种情况下用"冒昧"二字就显得很有礼貌。在正文中要简单扼要地介绍自己与应聘职位有关的学历水平、经历、成绩等，令对方阅读完毕之后就对求职者产生兴趣。但这些内容不能代替简历，较详细的个人简历应作为求职信的附录，应说明能胜任职位的各种能力，这是求职信的核心部分。目的无非是表明自己具有专业知识和社会实践经验，具有与工作要求相关的特长、兴趣、性格和能力。总之，要让对方感到求职者能胜任这个工作。在介绍自己的特长和个性时，一定要突出与所申请职位有联系的内容，千万不能写上那些与职位毫不沾边的东西，比如求职者应聘"业务代表"一职，却在求职信中大谈"本人好静，爱读小说"等与业务要求相悖的性格特征。

（三）结尾

结尾一般应表达两个意思，一是希望对方给予答复，并盼望能够得到参加面试的机会；二是表示敬意、祝福。如"顺祝愉快安康""深表谢意""祝贵公司财源广进"等，也可以用"此致"之类的通用词。最重要的是别忘了在结尾写明自己的详细通讯地址、邮政编码、联系电话和电子信箱等。如果让亲朋好友转告，则要注明联系方式方法以及联系人的姓名及其与求职者的关系，以方便用人单位与之联系。

（四）署名

按照中国人的习惯，直接签上自己的名字即可。国外一般都在名字前加上"你诚挚的""你忠实的""你信赖的"等形容词，这种方法不能轻易效仿。

（五）日期

日期写在署名右下方，应用阿拉伯数字书写，年、月、日都写全。

（六）附录

求职信一般要求和有效证件一同寄出，如学历证、职称证、获奖证书、身份证的复印件，并在正文左下方一一注明。

履历中最普遍的错误，就是将履历变成一份枯燥乏味的职责责任清单。当彰显自己的成就时，注意避免以下问题：

（1）目标叙述过于华丽或平常

许多候选人在履历开始进行目标叙述时就让人兴趣寡然。最糟糕的目标叙述一般是这样开始的："一个具挑战性的职位不仅让我有机会为公司做贡献而且也给我以成长和进步的机会。"这样的叙述早已滥用了，而且太过平常，浪费了宝贵的履历空间。如果有人正在写履历，试试用小纸条来代替目标叙述，在小纸条上可以说说自己的工作或专长的领域。

（2）过短和过长

太多的人想把他们的经历压缩在一页纸上，因为他们曾经听说履历最好不要超过一页。而当履历被格式化地缩到一页时，许多求职者就删除了他们本给人深刻印象的成就，这是不明智的。而那些在履历上用几页纸漫谈不相干的或者冗长的个人经历让看的人很容易觉得无聊。所以，当求职者写履历时，试着问自己："这些陈述会让我得到面试的机会吗？"然后，仅仅保留那些会回答"是"的信息。决定履历篇幅是否恰当的规则就是没有定则，决定其篇幅的因素包括有职业、企业、工作经历、受教育程序和造诣等。最重要的就是，履历中的每一个字都要能够推销该候选人。履历是商业沟通的形式，它应该是简洁和被正式书写的，不应该出现"我"的字样。慎重罗列私人信息或者不相干的信息，许多人会在履历中概括他们的兴趣，比如阅读、徒步旅行和滑雪等。其实，这些只有在它们与目标工作有关联的时候才适合加入。例如，候选人申请的是一份滑雪教练的工作，那么他或她就应该提到其喜欢乡间滑雪的兴趣。履历中一般不应该提到一些私人信息，比如生日、婚姻状况、身高和体重等。当然，这也是有例外的，比如说一些有助于应聘岗位工作的娱乐方面的特长和国外的求职。

案例：

求职信

尊敬的××先生/小姐：

您好！从报纸上看到贵公司的招聘信息，我对网页兼职编辑一职很感兴趣。我现在是出版社的在职编辑，从2014年获得硕士学位后至今，一直在出版社承担编辑工作。两年以来，对出版社编辑的工作已经有了相当的了解。出版者工作协会的正规培训和两年的工作经验，使我相信我有能力担当贵公司所要求的网页编辑任务。

我对计算机有着非常浓厚的兴趣，能熟练使用网页制作软件。我有一个个人主页，

日访问量已经达到了100人左右。通过互联网，我不仅学到了很多在日常生活中学不到的东西，更享受到坐在电脑前轻点鼠标就能尽晓天下事的快乐。

编辑业务的性质使我拥有灵活的工作时间和方便的办公条件，这一切也在客观上为我的兼职编辑工作提供了必要的帮助。基于对互联网和编辑事务的精通与喜好，以及我自身的客观条件和贵公司的要求，相信贵公司能给我提供施展才能的另一片天空，而且我也相信我的努力能让贵公司的事业更上一层楼。

随信附上我的简历，如有机会与您面谈，我将十分感谢。即使贵公司认为我还不符合条件，我也将一如既往地关注贵公司的发展，并在此致以最诚挚的祝愿。

应聘者：××
××××年×月×日

第二节　个人简历

一、个人简历的概念

个人简历就是把个人的履历简要地记录下来，是一个人从小到大、从上学到工作的全部经历。此处我们所指的简历是专用于求职的简历，它是用于应聘的书面交流材料，是对个人经历，包括个人概况、教育背景、工作经历、兴趣爱好、论文著作、获奖情况等的综合描述。

简历的作用与自荐信的作用是一致的。如果说自荐信是"推销自我的广告"，那么，简历则是较为详细的"个人说明书"，简历是在自荐信的基础上进一步展示求职者的能力。

二、个人简历的特点

简历与自荐信有着共同的特点，都具有针对性和真实性。除此之外，它还具有以下特点。

（一）具体性

简历的内容比自荐信更具体，如自荐信可以说"连续三年获得'三好学生'称号"，简历中则会具体说明分别在哪一年获得了"三好学生"称号。

（二）综合性

简历是求职者对所从事过的工作和工作相关情况的总结，具有综合性的特点。这一点不同于自荐信，自荐信是对一个人最突出条件的展示，不求面面俱到，相比之下，简历反映的内容较为全面。

三、个人简历的结构

简历没有固定的模式，但也应当遵循一定的规范。对于社会经验较少的大学毕业生，简历内容一般包括以下几个方面。

（一）个人信息

本人概况主要包括姓名、性别、民族、年龄、籍贯、政治面貌、文化程度、联系方式，也可以加上健康状况等，如图 5-1 所示。

姓名：		性别：		出生年月：	
籍贯：		民族：		婚姻状况：	
学历：		专业：		政治面貌：	
家庭住址：				电话号码：	

图 5-1　个人简历

（二）教育背景

教育背景主要是指受教育经历。为体现专业特长，应在学校名称后加上专业名称。如果辅修课程与应聘职位密切相关，也可将其附在主修课程之后。

（三）成绩与奖励

成绩与奖励主要介绍学习成绩及获得奖学金或荣誉称号的情况。需要注意的是：当求职者利用成绩来说明自己的优秀时，请尽量使用相对数字，如专业排名前 5%，相对的数字永远比绝对数字更有说服力。"奖励情况"模块应强调的是自己获得的奖励的级别。描述清楚这个奖励的实质、级别，最好能用相对数字来说明得到该奖励的难度，让 HR 明白，这是一个多么优秀的人才才能获得的奖励。

（四）社会实践

社会实践一般包括实践单位、具体职务、业绩或收获等。

（五）工作经历

工作经历的内容包括职务、职责与业绩，如在学校社团任职或在社会活动中得到的锻炼和肯定，具备的实践工作能力和管理才能等。应届毕业生简历中的"工作经历"主要是指：工作经历、社会活动、实习经历和兼职经历。这些都能够体现出一个学生在社会中所获得的经验、能力。建议同学们应该先了解自己所要应聘的公司和职位需要的能力，再挑选自己能体现这方面能力的工作经历进行展示。

（六）个人特长

个人特长主要是指拥有的技能特长，如国家英语四六级、第二外语、音乐、美术、体育特长等。

（七）学术成果

如果大学期间有已发表的文章、论文成果，应写进简历，要注明刊物名称、出版单位及发表时间。

（八）兴趣爱好与性格

这部分内容可根据具体情况进行取舍，当以上项目足以证明自己的实力时，该部分可以省略；但是，当其他部分资料相对较少，不足以体现自己的长处时，可适当介绍自己的兴趣爱好与性格等，以展示自己的品德修养、社交能力及与人合作的能力。如果没有兴趣爱好，也可不写，直接描述性格特点即可。

四、个人简历的写作要求

（一）诚实有信，说明客观

人无信不立，任何用人单位都不会愿意雇佣没有信用的求职者。因此，要确保简历内容的真实性。简历是客观的自我说明，其语言应当是站在第三者的立场上，用说明性描述向用人单位进行介绍，不要在简历中进行主观性的描述。行文以简明的短句为主，切忌使用文艺语体。

（二）针对性强，要言不烦

对于不同的行业、职位，求职者应当事先做好充分分析，有针对性地设计和准备简历，一般来说，每位求职者都应当备有几份不同的简历，在应聘时，针对应聘单位和职位的不同特点，选取最合适的那份简历。同时，简历应具备重点突出、层次分明、短小精悍的特点，重要的内容可通过黑体字或粗体字等不同的文字修饰功能来体现。

（三）表达准确，制作规范

要求表述准确、精练，制作规范、简约，体现出求职者的文字功底及个性修养。

案例：

×××个人简历

基本信息			
姓　　名：×××	婚姻状况：未婚		
出生日期：1987-06-24	政治面貌：团员		
户　　籍：	性　　别：男		照片
学　　历：本科	民　　族：汉		
专　　业：英语	学　　位：		
毕业学校：吉林工程技术师范学院			
教育背景			
2006.09—2010.06	吉林工程技术师范学院外国语言文学系		
主修课程			
本科阶段主修	大学英语精读，大学英语泛读，英语口语，英语听力，英语写作，英语口译，翻译学，词汇学，语法学，英美概况，英国文学，美国文学，语言学，日语，中外名胜。		
特长及兴趣爱好			
除了有专业的英语方面知识外，我在校生活部工作一年，在系宣传部和秘书处各工作一年。为全面发展，大三上学期，我加入系文学社，参与了我系《心韵》杂志的创刊和编辑工作。在这些活动中，锻炼了我的领导和团队协作能力，学会了更好地与人相处，这些在我以后的工作中一定会有很大的帮助。			
计算机能力			
能熟练使用 Office 工具以及 Photoshop、Flash 等软件。 获国家计算机二级等级资格证书。			
外语水平			
通过英语专业四级考试，能熟练进行听说读写译。			
奖励情况			
2007—2008　优秀学生会干部　　　　2008/07　师生合唱比赛一等奖 普通话水平测试等级证书 英语专业四级证书			
自我评价			
本人性格开朗、稳重、有活力，待人热情、真诚。工作认真负责，积极主动，能吃苦耐劳。有较强的组织能力、实际动手能力和团体协作精神，能迅速适应各种环境，并融入其中。我不是最优秀的，但我是最用功的；我不是很显眼，但我很踏实；希望我的努力可以让您满意。			
联系方式			
电话：××××	E-mail：××××		QQ：××××

第三节 合 同

一、概念

合同是平等主体的自然人、法人、其他组织之间设立、变更、终止民事权利义务关系的协议。

二、特点

（1）法律约束力。当事人必须全面履行合同规定的义务，任何一方不得擅自变更或解除合同，不论哪一方违背了合同中规定的条款，都要承担违约责任。

（2）合法性。《中华人民共和国合同法》第一章第七条规定："当事人订立、履行合同，应当遵守法律、行政法规，尊重社会公德，不得扰乱社会经济秩序，损害社会公共利益。"

（3）贯彻自愿、平等、互利、协商一致、等价有偿的原则。

三、种类

1999年3月15日，中华人民共和国第九届全国人民代表大会第二次会议通过了《中华人民共和国合同法》。在《中华人民共和国合同法》分则中列举了以下15种合同（又称有名合同）：

买卖合同；

供用电、水、气、热力合同；

赠予合同；

借款合同；

租赁合同；

融资租赁合同；

承揽合同；

建设工程合同；

运输合同；

技术合同；

保管合同；

仓储合同；

委托合同；

行纪合同；

居间合同。

除了上述各类合同外，其他法律对合同另有规定的，依照其规定。

合同法或其他法律没有明文规定的，使用合同法总则的规定，并可以参照合同法分则或其他法律最相关的规定。

四、合同的结构与写法

就其形式来说，合同主要有表格式和条款式。一般由标题、约首、正文和落款四部分组成。

（一）标题

标题应该明确表明合同的性质，如"光明公司 2016 年第四季度纺织品购销合同"。

（二）约首

约首包括合同编号、当事人名称等内容。为使行文方便，一般用括号注明"甲方""乙方""供方""需方"或"买方""卖方"更为明确。

（三）正文

1. 开头

开头一般只写签订合同的目的和依据，要求简明扼要、言简意赅。

2. 重要条款

（1）标的

标的是指合同当事人双方权利和义务所共同指向的对象，如货物、货币、劳务等。

（2）数量

数量是用计量单位和数字来衡量标的的尺度。合同中计量单位必须明确。数量计量单位有统一规定，重量、体积、长度、面积等都要用国家标准计量单位。

（3）质量

质量是标的的具体特征，是标的的内在素质和外观形态的综合反映，如产品的品种、规格、型号等。质量必须有具体的规定，如国家标准、部颁标准或企业标准。如是协商标准，必须另附协议书或者提交样品。

（4）价款或者酬金

这是指取得合同标的的一方支付的代价，以物为标准的，称为价款；以劳务为标的，称为酬金。价款和酬金都是以货币数量计算支付，以国家的价格规定为准则。允许议价的，当事人协商议定。

（5）履行的期限、地点和方式

履行期限是指合同各方实现承诺的时间界限。书写此条款时必须明确具体。履行地点，是指实现承诺的具体场所。场所应根据合同标的的性质或当事人约定。如买卖合同，必须写明交（提）货、付款、验收的具体地点。履行方式，即当事人承担义务的方式。如一次履行或分期履行，是供方供货还是需方提货，要写清楚。

（6）违约责任

违约责任是指当事人不履行合同规定的义务所负的责任。

（7）解决争议的方法

发生争议时，是通过仲裁方式解决，还是通过法院审判方式解决，在合同中应有明确约定。

（8）其他

除上述条款外，还应该根据合同内容或法律规定或当事人的要求写明一些必需的条款，以及要注明合同份数、保管、有效期、变更合同的条件、合同附件的名称或件数等。

（四）落款

落款一般要写明签订各方的单位的全称或者姓名，并分别盖章。如需上级单位和公证机关签署意见的，应注明并盖章。另外双方电话、账号、开户银行、地址等，都应写清。当事人是企业法人的，应盖合同专用章，不得加盖行政专用章。

案例：

劳动合同

甲、乙双方根据《中华人民共和国劳动合同法》及国家有关规定，在平等自愿、协商一致的基础上，同意订立本合同，并共同遵守合同所列条款。

一、劳动合同期限

（1）固定期限。从×年×月×日起至×年×月×日止。其中包括试用期×个月，从×年×月×日起至×年×月×日止。

（2）无固定期限。从×年×月×日起至法定终止条件出现止。其中试用期×个月，从×年×月×日起至×年×月×日止。

（3）以完成一定的工作任务为期限。从×年×月×日起至工作任务完成即行终止。

二、工作内容和工作地点

（1）甲方安排乙方在工作地点从事×工作（岗位）。

（2）甲方可以根据工作需要及乙方工作能力和表现调整乙方的工作岗位，乙方无正当理由应服从变更。

（3）乙方同意按照甲方确定的岗位责任，按时、按量完成工作任务。

三、工作时间和休息休假

（1）甲方执行国家规定的工时制度，并可按照有关规定根据不同工作岗位需要对乙方具体工作时间做出规定和调整。乙方应按甲方规定的工作时间执行。

（2）鉴于甲方行业的特殊性，甲方可以根据工作需要，对乙方的工作时间、工作班次，休息日进行调整，乙方愿意服从甲方安排。

四、劳动报酬

（1）乙方在试用期间的工资为×元/月。试用期满后，甲方以下列第×种计算方式支付乙方工资：

① 计时工资。工资为×元/月。

② 计件工资。甲方应制定科学合理的劳动定额标准，双方及时协商约定计件单价。

③ 其他形式。甲方应以法定货币形式按月支付乙方工资，支付日期为每月的×日。乙方月工资不得低于省政府公布的最低工资标准。加班加点工资按法律法规执行。

（2）甲方可根据其实际经营情况、规章制度、对乙方考核情况，以及乙方工作年限、奖罚记录、岗位变化等，调整乙方的工资水平。乙方工作岗位调整后，其工资参照同岗位、同工种、同职务的标准执行。但不低于当地最低工资标准。

五、社会保险

甲、乙双方均须依法参加社会保险，缴纳社会保险费，社会保险费个人缴纳部分，甲方可从乙方工资中代扣代缴。

甲、乙双方解除、终止劳动合同时，甲方应按有关规定为乙方办理职工档案和社会保险转移等相关手续，出具解除或者终止劳动合同证明书，乙方应及时办理工作交接手续。

六、劳动保护、劳动条件和职业危害防护

（1）甲方按国家和地方政府有关规定，为乙方提供符合国家规定的劳动保护设施和劳动条件，保障乙方在工作中的安全和健康。

（2）甲方按国家有关规定对乙方进行有关劳动安全知识、规章制度、业务操作规程及技能等培训；乙方应参加上述培训并严格遵守与其岗位有关的劳动安全规定和操作规程。

（3）对乙方从事接触职业病危害作业的，甲方应告知乙方并按国家有关规定组织上岗前和离岗时的职业健康检查，在合同期内应定期对乙方进行职业健康检查。

七、双方约定的事项

（1）甲方出资，为乙方提供法定以外培训的约定；

（2）保守商业秘密的约定；

（3）补充保险和福利待遇的约定；

（4）其他事项的约定。

八、劳动合同的变更

甲、乙双方协商一致，可以变更劳动合同。变更劳动合同，应当采取书面形式记载变更内容，注明变更日期，由双方当事人签字、盖章后成立。变更劳动合同，应订立《劳动合同变更书》，也可就有关内容协商签订专项协议。专项协议作为劳动合同的附件，具有与劳动合同同等的约束力。

九、甲、乙双方劳动合同的解除、终止、续订按国家及省、市有关规定执行。

十、劳动争议处理

若发生劳动争议，可以协商解决。不愿协商或者协商不成的，可以向本单位劳动争议调解委员会申请调解；调解不成的，可以自争议发生之日起在法定时效内向当地劳动争议仲裁委员会提出书面申请。不服仲裁裁决的，自收到裁决书之日起15日内可向当地人民法院提出诉讼。

十一、本合同没有订明的事项，按有关规定执行或双方协商解决，本合同订明的事项如与新法律、法规有抵触的，按新法律、法规执行。

十二、本合同一式两份，甲、乙双方各执一份。

甲方（盖章）
法定代表人（签章）　　　　　　年　　月　　日
乙方（签章）　　　　　　　　　年　　月　　日
鉴证单位（盖章）　　　　　　　年　　月　　日

第六章 法律事务文书

第一节 法律事务文书概述

一、法律事务文书的概念和种类

法律事务文书有广义和狭义两种解释。广义的法律事务文书是指在司法程序中，司法、公正、仲裁机关处理各类诉讼案件时使用或制作以及案件当事人、律师自书或代书的具有法律效力或法律意义的文书总称。狭义的法律事务文书，仅指司法机关在办理各类诉讼案件中依法制作的各类文书。其种类一般包括起诉状、答辩状、法律意见书、公证书、授权委托书、仲裁调解书、判决书等。

二、法律事务文书的特点

（一）法律的约束性

"以事实为依据，以法律为准绳"是我国社会主义法制的司法原则。"以事实为依据"，是指司法机关最终确认案件的依据，必须是经过查证的客观事实，这是诉讼文书叙述案情的基本要求；"以法律为准绳"，是指诉讼文书的说理分析、提出的理由和请求，必须符合法律条文，有相关的法律依据。这样形成的诉讼文书具有鲜明的法律约束性。

（二）制作的规范性

法律事务文书的制作必须和一定的法律程序相联系，具有严格的规定。什么情况依据什么法律，制作什么文书，制作的主体、内容和要求，如何提交送达等，都必须有法律依据，有严格的规范，任何人不得任意制作和更改。

（三）语言的准确性

法律事务文书的语言有自己的规律，即"法律语言"。它多用法律术语、书面语言、文言词汇、专有名词等，追求的是语言准确无误，明白清楚，色彩庄重严肃，不含糊，无歧义，利于执行。

三、法律事务文书的作用

（一）实施法律的保证

法律事务文书所做的裁决，是执法的凭据。按裁决执行，是司法工作者的神圣职责，是维护法律尊严的行为。法律事务文书起到了实施法律的得力工具作用，从而使法律发挥其强大的威力。

（二）司法活动的记录

法律事务文书是司法实践活动全过程的忠实记录和法律凭证，从中可以看出一个案件办理全过程和前因后果。如刑事案件，通过立案、侦查、批捕、起诉、判决、执行等阶段的文书案卷的查阅和分析，可检查执法情况，以利于改进司法工作。

（三）考察干部的依据

法律事务文书可以作为一把尺子，测量法律工作者的思想素质、业务水平、文字功夫等方面的情况，为考察和使用干部提供客观、正确的依据。

第二节 起 诉 状

一、起诉状的概念

起诉状又称诉状，它是指在诉讼过程中，当事人为维护自身的合法权益，依法向法院提起诉讼的法律文书。起诉状是法律文书中使用最广泛的一种文书。我国法律规定，任何公民、法人或其他组织，认为自身受法律保护的权益受到了侵犯和损害，都依法享有起诉权，请求人民法院通过审理予以保护。在诉讼过程中，提出诉讼者为原告，被诉讼者为被告。原告诉讼时，应向法院提交诉状，并具有正本、副本，其中正本一份（送交法院），副本可多份（每个被告一份）。自己写诉状有困难者，可以请人代写；代写也困难者，根据诉讼法规定，当事人可以口头诉讼，由法院制作笔录。

二、起诉状的作用

（一）告诉人民法院

原告在起诉状里陈述事件经过，表明诉讼理由，并向人民法院提出依法保护自身合法权益的诉讼请求。这三方面必须清楚、明白、突出，让人民法院一目了然。

（二）启动诉讼程序

我国法律规定，除公诉案件外，对待其他案件一律按照"不告不理"的原则，即"起诉应当向人导法院递交起诉状"，起诉是法律立案的依据，没有诉状，诉讼程序就无法启动。

(三) 审理案情的基础

原告凭借起诉状，反映案情事实，列举确凿证据，阐明自己的理由，提出诉讼请求。这对人民法院审理案件有着十分重要的作用。因而，写好起诉状，对于当事人来说，是关系到维护切身利益的大事。

三、起诉状的种类

我国三大诉讼制度是：民事诉讼、刑事诉讼和行政诉讼。根据三种不同性质的诉讼，起诉状可分为民事起诉状、刑事自诉状、行政起诉状三类。下面逐一介绍。

(一) 民事起诉状

1. 民事起诉状的概念和特点

民事起诉状，是民事诉讼中的原告或其他法定代理人，为维护自己的合法权益，就有关民事权利和义务的纠纷，向人民法院提起诉讼的书状。这种诉状适用于民事诉讼活动，民事诉讼案件包括婚姻家庭纠纷案、财产权益纠纷案、知识产权纠纷案和人身权益纠纷案等。其特点如下：

(1) 具有民用性质。起诉状只代表合法权益受到侵害的公民、法人和其他组织，是具有民间性质的诉讼文书，因此，诉状中不能附带刑事诉讼的请求。

(2) 具有法定的内容。《中华人民共和国民事诉讼法》第一百一十条规定，起诉状应当记明包括双方当事人的基本情况、诉讼的事实、理由、请求和证据及其来源等事项。这些内容缺一不可。否则法庭无法立案，不予受理。

(3) 具有固定格式。最高人民法院于1992年和1993年分别制定与进一步规范了起诉状的格式，所以，起诉状的制作应该按照规范的格式有序展开，不得随心所欲地改动。

2. 民事起诉状的写法

(1) 首部。首部包括标题和当事人的基本情况。

标题：通常写"起诉状"或"民事起诉状"。

当事人基本情况：原告——提起诉讼的人或组织。如果是自然人，要写清楚他们的姓名、性别、年龄、工作单位、住址等；如果是企事业单位、机关团体或其他组织，则先写单位名称、地址、邮政编码，再写单位法定代表人或主要负责人姓名、职务、电话等；如果原告有代理人，应另起一行列出其代理人的称谓，如法定代理人、委托代理人、指定代理人，并依次写明该代理人的基本情况和与原告的关系；如果委托律师代理，只写明律师的姓名及其所在的律师事务所即可；如果有共同原告，就接着排列，所列项目同上。被告写法同原告。如果被告是多人，应根据其在案件中的地位、作用及主次情节依次排列，项目同上。第三人——在被告项目之下另段列出，写法与原、被告相同，并说明第三人与原、被告的关系。

(2) 正文。正文包括诉讼请求、事实和理由、证据及其来源几部分。

诉讼请求：诉讼请求是原告向法庭提起诉讼的目的，也称案由。内容要求明确、具体、合法，各自独立的请求事项应分项列出，最后一项通常写诉讼费用的负担要求。

事实和理由：诉状的事实是法庭裁判的根据，应依照事件的基本要素叙述，即时间、地点、人物、事件、原因、结果，这六个要素齐全，层次清楚，双方争执的焦点应当突出。理由部分应着重论证纠纷的性质、被告应负的法律责任、原告请求的合法性。要列证据，引用相关法律条款做分析，有理有据，以获得法律支持。这一部分是正文的核心内容。

证据及其来源：证据是说明事实的关键，凡是有利于支持诉讼请求的相关证据及其来源，都要交代清楚。证据是人证，应写明证人姓名、住址、职业，以便法庭调查。

（3）尾部。这部分包括受诉法院名称、署名、时间和附项。

受诉法院名称：要写"此致"（另起一段，空两字）"××人民法院"（另起一段，顶格）。

署名：在右下方写原告人姓名、法定代表人和委托人姓名，并盖章。

时间：时间写在署名下面，写明年月日，用"一二三……"表示，不用阿拉伯数字。

附项：写在左下方，详细写明提交法院的材料名称和数量，如本状副本×份，物证×件，书证×件等。

民事起诉状格式一如图 6-1 所示，民事起诉状格式二如图 6-2 所示。

```
                    民事起诉状格式一（公民用）
原告：
名称：_____ 地址：_____ 电话：_____
法定代表人：_____ 姓名：_____ 职务：_____
委托代理人：姓名：_____ 性别：_____ 年龄：_____
民族：_____ 职务：_____ 工作单位：_____
住址：_____ 电话：_____
被告：
名称：_____ 地址：_____ 电话：_____
法定代表人：_____ 姓名：_____ 职务：_____
诉讼请求：_____
事实和理由：
    此致
_____人民法院
                                    起诉人：_____（盖章）
                                    法定代表人：_____（盖章）
附：
合同副本_____份
本诉状副本_____份
其他证明文件_____份
```

图 6-1　民事起诉状格式一

注：

① 事实和理由中应写清合同签订的经过、具体内容、纠纷产生的原因、诉讼请求及有关法律、政策依据。

② 原告应向法院列举所有可供证明的证据。证人姓名和住所，书证、物证的来源及由谁保管，并向法院提供复印件，以便法院调查。

③ 本诉状适用于原告与被告（为法人或其他组织）发生的合同纠纷。

民事起诉状格式二（法人或其他组织用）

原告：____（单位全称）____（所在地址）

名称：_____ 地址：_____ 电话：_____

法定代表人（或主要负责人）：_____ 姓名：_____ 职务：_____ 电话：_____

委托代理人：_____ 姓名：_____ 性别：_____ 年龄：_____

民族：_____ 职务：_____ 工作单位：_____

住址：_____ 电话：_____ （如委托人是律师的，只写"委托代理人姓名，××律师事务所律师"。）

委托代理人：_____ （如委托代理人有两人的，接着列写。）

原告：（有共同原告的，依次排列，写法同前。）

被告：

名称：_____ 地址：_____ 电话：_____

第三人：（单位全称）（所在地址）

法定代表人：_____ 姓名：_____ 职务：_____

诉讼请求：

事实和理由：

　　此致

人民法院

　　　　　　　　　　　　　　　　　　　　　　起诉人：（盖章）

附：

合同副本份

本诉状副本份

其他证明文件份

图 6-2　民事起诉状格式二

实践案例：

民事起诉状

原告：杨某，男，1963 年 6 月 12 日出生，现住某市甲区某街道 12 组 97 号。

被告人：李某，男，1954 年 3 月 12 日出生，现住某市乙区某街道 18 组 12 号。

诉讼请求：

(1) 李某返还杨某欠款 18 000 元人民币；

(2) 诉讼费××元由李某承担。

事实与理由：

2004 年 4 月 1 日，李某因经营资金紧张向杨某借款 18 000 元用于周转，写下借条并约定 6 个月后一次还清欠款，利息按照银行利息支付。

到期后，李某以没钱为由拒绝归还证据和证据来源，证人姓名和住址：

(1) 李某所写欠条一张。

(2) 见证人王某，某市甲区某街道司法所长。

此致

某市某区人民法院

附：本诉状副本1份

起诉人杨某

2006年3月5日

注：(1) 本诉状供公民提起民事、行政诉讼用，用钢笔或毛笔书写。

(2) "原告""被告"栏，均应写明姓名、性别、出生年月日（对民事被告的出生年月日确实不知的，可写其年龄）、民族、籍贯、职业或工作单位和职务、住址等项。被告是法人、组织或行政机关的，应写明其名称和所在地址。

(3) "事实与理由"部分的空格不够用时，可增加中页。

(4) 起诉状副本份数，应按被告人的人数提交。

实践案例：

原告冯某某，男，1961年4月3日出生，汉族，山东省×市××区人，农民，现住××区××镇××村。

被告杨某某，女，1962年8月4日出生，汉族，山东省×市人，农民，住济南市××区××镇×村。

诉讼请求：

(1) 依法解除婚姻关系；

(2) 婚生男孩冯某与原告共同生活，由被告承担抚育费1 000元/月；

(3) 共同财产依法分割；

(4) 诉讼费由被告负担。

事实和理由：2001年9月，我与被告杨某某经人介绍相识，于2003年10月6日登记结婚，婚前关系融洽。2004年9月15日生一男孩冯某。同年11月我外出做木工，被告在家料理家务，后因被告有生活作风问题被我发现致使双方感情产生隔阂，并经常为此争吵打架。2001年农历腊月十五被告与人私奔，经多方寻找才在八里洼发现被告，我乘车前去接她，但她执意要留在娘家不肯回家，后经本村村民郑某、赵某说和，被告在索要了500元现金的条件下才于2002年正月二十回家。回家后被告仍不思家务，置丈夫和孩子于不顾，并于当日借口去×市给小孩儿买衣物为名，从家中拿走现金200元再次出走，次日我组织人员四处寻找，但至今音讯全无。

被告杨某某屡次抛弃家庭、孩子以及出走的行为，已严重伤害了夫妻间的关系，导致夫妻感情的完全破裂，根据《中华人民共和国婚姻法》第二十五条、第三十条、第三十一条的规定，特向人民法院提起诉讼，请求依法判决。

  此致
××区人民法院

起诉人：冯某某
二〇〇三年十一月十日

附：
(1) 本状副本一份。
(2) 结婚证复印件一份。
(3) 身份证复印件一份。
(4) 房产证复印件一份。
(5) 财产及债务清单一份。

（二）刑事自诉状

1. 刑事自诉状的概念和特点

刑事自诉状是指被害人或其法定代理人，直接向人民法院提起诉讼，控告被告人侵犯了自诉人的合法权益，要求追究被告人刑事责任的诉状。如果自诉人还遭受到物质和财产损害，在刑事诉讼过程中，还有权附带民事诉讼。其有如下两个特点：

(1) 使用范围的特定性。刑事自诉状主要用于刑法中规定的"不告不理，告才处理"的案件。这些案件，公安机关或人民检察院认为被告人轻微触法，不予追究其刑事责任；被害人有证据证明被告人侵权，已构成犯罪，应当依法追究其刑事责任，便使用自诉状。

(2) 诉讼文字的民用性。它与起诉书虽然同是处理刑事案件，但二者有明显区别：起诉书是人民检察院代表国家提起公诉，刑事自诉状是被害人或被害人的近亲属，以自诉人的名义向人民法院提起的诉讼。

2. 刑事自诉状的写法

(1) 首部

首部包括标题和当事人的基本情况。

标题：通常写"刑事自诉状"，如果附带民事诉讼，则写"刑事附带民事起诉状"。

当事人基本情况：当事人包括自诉人和被告人，要写姓名、性别、出生年月、民族、籍贯、职业、工作单位、住址等。对被告人的出生年月日确实不知的，可写其年龄。如果刑事附带民事诉讼，当事人部分则应分别称为"自诉人及附带民事原告人"和"被告人"。有法定代理人的，在当事人之下写明法定代理人的情况。

(2) 正文

正文包括诉讼请求、事实与理由、证据及其来源几部分。

诉讼请求：请求人民法院依法追究被告人的刑事责任，如果附带民事诉讼，应逐条写明要求被告人赔偿损失的项目和具体数额。

事实与理由：事实部分应写清楚被告人犯罪的具体情况，即按起因、经过、结果的顺序书写，将时间、地点、人物、动机、目的、手段诸因素交代清楚。理由部分，首先要通过事实的叙述概括被告人行为的性质，再引述刑法中有关条款，证明被告人所犯罪名和应当承担的刑事责任。附带民事诉讼的，还要引述民诉法中的有关条款，证明被告人应当承担的民事责任。

证据及其来源：《刑事诉讼法》第一百二十六条第三款规定："缺乏罪证的自诉案件，如果自诉人提不出补充证据，经人民法院调查又未能收集到必要的证据，应当说明自诉人撤回自诉，或者裁定驳回。"这说明证据在诉讼中的重要性，同时表明自诉人首先负有举证责任。因而，自诉人在诉状中要列出证据名称及其来源，列出证人的姓名、地址，以便法院查证。

（3）尾部

这部分的写法与民事起诉状相同。

案例：

刑事自诉状

自诉人刘××，女，1963年4月26日出生，汉族，×××市××区××铸造厂会计，××铸造厂原厂长张××之妻。住××区××村后街18号。

被告人陈×军，男，42岁，××市××区×××村三组村民，住该村37号。被告人王×义，男，37岁，××市××区×××村三组村民，住该村44号。被告人陈×兴，男，48岁，××市××区×××村三组村民，住该村63号。

案由和诉讼请求

案由：被告人以清偿债务为由聚众哄抢民营企业财产、破坏生产经营。

诉讼请求：

（1）诉请人民法院依法追究被告人聚众哄抢、破坏生产经营的刑事责任；

（2）诉请判令三被告人返还被哄抢的价值10万元的废钢材；

（3）诉请判令三被告人赔偿自诉人因停产造成的经营损失20万元。

事实与理由

2003年8月20日，自诉人的丈夫、××铸造厂厂长张××病故。28日被告人陈×军、陈×兴、王×义即乘自诉人遭遇丧夫不幸、其家举办的民营企业××铸造厂面临困境之机，以张××生前欠其债务未清偿为由，强行将自诉人接替丈夫经营的××铸造厂大门封堵，致使工厂无法生产经营，停产达6个月，造成直接经济损失20万元。2004年2月7日，三被告人又纠集20多人，擅自将铸造厂大门推倒，动用汽车、拖拉机多辆，把堆放在厂内的废钢材50余吨全部拉走。自诉人于事后发现，即于2004年2月8日向××市××区公安分局×××派出所报案，请求追回财物，依法制裁三被告人的行为。但公安机关派出所调查后认为，三被告人的行为不属犯罪行为，不予立案，不追究刑事责任。自诉人又向公安机关申请复议，××区公安分局复议后仍不予立案。

自诉人认为，民营企业的合法财产应受法律保护，自诉人丈夫生前任厂长期间是否欠债及究竟欠三被告人债务多少，均应通过法律途径解决。而三被告人以偿还债务为由封堵厂门的行为，触犯我国《刑法》第二百七十六条的规定，已构成破坏生产经营罪，其哄抢拉走废钢材的行为，触犯我国《刑法》第二百六十八条的规定，已构成聚众哄抢罪。为维护自诉人及依法生产经营的铸造厂的合法权益，现依据《中华人民共和国刑事诉讼法》第一百七十条第一款第三项的规定，特向法院提起控诉，请求依法追究三被告人的刑事责任，判令其退还哄抢财物并赔偿自诉人相关经济损失。

证据和证据来源，证人姓名和地址：
（1）不予立案决定书；
（2）不予立案复议决定书；
（3）××区公安分局××派出所调查笔录；
（4）证人×××、××、×××等，均住××区××村三组。

此致
××市××区人民法院

附：
（1）本状副本3份；
（2）书证3份。

自诉人：刘××
××××年××月××日

案例：

自诉人杨某某，女，1958年4月18日出生，汉族，××省××县人，农民，住××省××县×××乡××村。

委托代理人齐某，男，1960年12月9日出生，汉族，××省××县人，××公司技术员，住××省××县20号，系自诉人之弟。

被告人孙某某，男1958年1月3日出生，汉族，北京市××县人，系北京市××县×场工人，住本厂工人宿舍。

案由：

虐待

诉讼请求：请求法院依法追究被告人孙某某犯虐待罪的刑事责任。

事实与理由：我与被告人孙某某系夫妻关系，2002年结婚，生一男孩孙某（12岁），婚后感情尚好。自2007年7月被告人与女徒弟林某某来往密切，后发展为情人关系。我知道后曾多次向××厂领导反映要求解决，因种种原因未能及时得到解决。被告人孙某某为了达到离婚的目的，变本加厉地从精神上折磨我，从经济上克扣我，用言语刺激我，使我患有精神分裂症。2008年6月10日间被告人假借为我治病之机，使用暴力强行掐住我的颈部往我嘴内灌砒霜，企图置我于死地，由于我强咬牙关，被告人的目的才未得逞，但却造成我的舌尖糜烂、嘴唇脓肿的严重后果。2009年2月15日夜里，被告人又用剪刀扎我，要对我下毒手，由于我急忙用右手将剪刀尖攥住，才幸免于难。但我右手被扎伤四处，缝合六针，至今还留有伤疤。

被告人孙某某，为了达到与我离婚和林某某结婚的目的，自2007年开始，从精神上、肉体上、经济上长期虐待、摧残我，使我的身心受到严重伤害，根据《中华人民共和国刑法》第二百六十条的规定，被告人的行为已构成虐待罪，情节恶劣，请求人民法院依法追究被告人孙某某的刑事责任。

此致

××县人民法院

自诉人：杨某某

××××年×月×日

（三）行政起诉状

1. 行政起诉状的概念和特点

行政起诉状是公民、法人或其他组织，认为行政机关工作人员的具体行政行为侵犯其合法权益，依法向人民法院提起诉讼，要求依法裁判的书状。其特点有三个。

（1）民用性。行政起诉状，即"民告官"的一种诉状，突出了民用性的特点。无论原告是公民个人，还是企业、事业单位的法人，或者其他组织，都是代表民间来起诉代表国家或官方的行政机关。

（2）平等性。代表民间的原告与代表官方的被告，在行政诉讼中的法律地位是平等的。这就体现了"法律面前人人平等"。

（3）灵活性。对行政案件，公民、法人和其他组织，既可以先向上一级行政机关或法定的行政机关申请复议，对复议不服，再向人民法院提起诉讼；也可以直接向人民法院提起诉讼。加外，有权提起诉讼的公民死亡，其近亲属可以提起诉讼；有权提起行政诉讼的法人或其他组织终止，承受他们权利的单位可以提起诉讼。

2. 行政起诉状的写法

（1）首部

首部包括标题和当事人基本情况。

标题：写"行政起诉状"。

当事人基本情况：先写原告基本情况，再写被告基本情况和第三人基本情况。诉讼参加人是法人或组织，应写明其法定代表人或主要负责人的姓名、职务、电话等，诉讼参加人有代理人的，要写代理人的姓名和基本情况，并标明代理人系哪一种（法定代理人、委托代理人、指定代理人）。原告、被告、第三人及其代理人不止一人的，按类别依次写明。

（2）诉讼请求

诉讼请求要言简意赅，将请求内容概括表达，也可以分条列写，更加明确。注意：诉讼请求要紧扣"具体行政行为是否合法"这一重点，提出要求。如果起诉被告具体行政行为违法所依据的主要证据不足，适用法律有误，违反法定程序等，可以提出撤销或者部分撤销具体行政行为的诉讼请求。

（3）事实和理由

这是行政诉讼状的主体，事实部分仍然客观叙述情况，反映"时间、地点、人物、事件、原因、结果"六个要素的内容。重点应抓"争执的焦点",亦即事件的"结果"。写法应按事件的发生、发展的时间顺序叙述,这样来龙去脉很清楚。但应注意,事件的过程应当概括地写,重点和关键要详写,要突出。

(4) 尾部

尾部依次写明致送法院名称、行政起诉状副本份数、起诉人签名盖章、起诉日期、附项清单等。

案例:

行政起诉状

原告:杨××,女,汉族,57岁,农民,文盲,四川××县人,住××县××镇娃日瓦村五一组38号。

第一被告:××县××镇政府;

第二被告:伍××,男,汉族,70岁,××县退休职工,住本案有争议之地;

第三被告:张××,男,汉族,××县下麦地乡三村农民。

案由:土地承包权流转纠纷

诉讼请求:

(1) 依法撤销××县人民政府将本案有争议的土地颁发给伍万华和张清华的土地承包经营权证书;

(2) 判令三被告将争议之地返还给原告经营管理;

(3) 判令第一被告镇政府补偿原告8年来失去约8亩土地的损失费共计32万元;

(4) 判令××镇政府补偿自2006年以来的国家粮食直补款4 248元;

(5) 判令第一被告镇政府赔偿原告的诉讼成本费5万元;

(6) 判令被告承担本案的诉讼费。

事实与理由:

原告属于××镇娃日瓦村五一组的老农户,从未迁居过其他的地方,1983年第一轮土地承包时,原告以余××(系杨××的前夫)为户主共5口人分得老住宅地附近3.54亩的承包地,该土地在黄××家附近,原告一家人一直经营耕种这块土地,同时原告还在周围开垦了好几亩的荒坡,以此来维持着全家人的生活。1999年4月木里县政府签订第二轮农村土地承包合同时,原告的土地面积和地点均未发生变化,并颁发了编号为"(H)0005794"《凉山州土地承包经营权证书》,该证书实际就是土地承包合同,其中载明了合同的甲方是乔瓦镇一村五一社,法定代表人是当时的社长杨××,承包方户主为本案的原告杨××(因在此之前杨××与前夫余××已经离婚,随后与现任丈夫张×结为夫妇),承包内容是"甲方将3.54亩旱地承包给乙方耕种,期限从1999年元月1日起至2028年12月31日止"。可是在2005年在换发新的《中华人民共和国农村土地承包经营权证》时,镇政府在没有原告的口头或者书面申请,也没有出现收回原告土地的法定情形下,就暗中将原告的3.54亩承包地面积更改为1.0亩,在原告领取该证书时行政人员也没有告知原告实情和减少面积的原因,而原告因没有文化,加之对政府的高度信任,不但没有翻看其中的内容,也没有询问承包地的变动情况。之后镇政府就将其中的0.8亩土地卖给了本案的第二被告伍××，并颁发了《土地承包经营权证》，直到2008年伍××父子在该土地上修建房屋时原告才得知内情，同时也由于镇政府和伍××之间暗中的买卖行为，导致了第二被告伍××胆大妄为，侵犯原告的土地经营权，强行将原告其余的2.74亩土地据为己有，并非法转卖给他人修建房屋。

原告为了改善居住和生活环境，于1987年搬迁至县城扎昌街坎下边即现在的所在地居住，原处的宅基地和自留地共约两亩，根据《中华人民共和国土地管理法》第八条之规定，"宅基地和自留地、自留山，属于农民集体所有"，可是镇政府唯独将原告的自留地和宅基地收回，又卖给了本案的第三被告张××，张××又转卖给他人修建房屋。

原告目前实有人口11人，均没有正式稳定的职业，生活没有保障，自2005年以来，由于失去了赖以生存的土地，完全没有生活来源，同时也没有享受过国家对"三农"实行的一切优惠政策，全家人就只能靠原告的儿子张小×、女儿张小×打点小工维系着这一大家人的生活，常常是入不敷出，捉襟见肘，加之原告之夫张×已年过七旬，体弱多病，给本来就贫寒的家庭增加了沉重的经济负担。由于××镇政府的行政行为严重地违反了党的政策和国家法律，严重地侵犯了原告的合法承包经营权，导致原告8年来丧失了加上开垦的荒坡共计8亩土地。几年来，原告四处求告，讨要说法，先后找过村社领导和镇政府领导，请求纠正错误，返还原本属于原告的土地，可他们都相互推诿，难说其究，无奈之下，2012年原告以伍××为被告向××县人民法院提起了民事诉讼，由于所请律师对案件定性有误，导致原告民事官司败诉。当时的凉山州中级人民法院的二审法官建议，根据案情，本案应属行政案件，并告知原告可另行提起行政诉讼。

根据《中华人民共和国土地管理法》《中华人民共和国农村土地承包法》《物权法》《合同法》以及《最高院关于审理农村土地承包合同司法解释》的规定，特向××县人民法院提起行政诉讼，请求贵院查明事实真相，依照法律之规定，判令三被告承担相应的行政和民事法律责任，支持原告如前所述的诉求，确保原告的合法权益不受侵害，从而维护法律的尊严！

呈
××县人民法院

具状人：杨××（签章）
2013年5月8日

案例：

原告莫××，男，1956年11月6日出生，汉族，农民，住湖南省长沙市××区渔业厂四组。

原告莫×，男，1972年4月13日出生，汉族，农民，湖南省长沙市××区渔业厂四组。

委托代理人隆×，湖南寰宇律师事务所律师。

被告长沙市××区人民政府。

法定代表人刘××，区长。

诉讼请求：

请求法院判令被告长沙市××区人民政府履行协调法定职责。

事实及理由：

2008年3月10日长沙市人民政府经长府地（2008）××号批复，征用了原告所承包的全部集体土地。2008年8月实施征地补偿，原告对征地补偿、房屋拆迁安置补偿标准提出异议，依据《土地管理法实施条例》第二十五条第三款、国土资源部〔2006〕年133号文等相关规定，于2008年8月20日通过挂号邮寄方式向被告递交了征地拆迁安置补偿协调申请书。在该申请书中，原告对被告征用其承包的全部土地所实施的征地补偿、房屋拆迁安置补偿标准提出异议，要求区人民政府按照基本农田最高农业年产值倍率标准30倍支付土地补偿安置费、青苗补偿费予以协调。被告于当日收到该申请后，迟迟不予回复。同年9月2日，原告向区人民政府信访办再次递交了该申请书。但被告至今未对原告提出的申请组织协调，没有履行法定职责，故请求法院判令被告依法履行协调的职责。

《中华人民共和国土地管理法实施条例》第二十五条第三款规定："对补偿标准有争议的，由县级以上地方人民政府协调。"《长沙市土地管理规定》第三十七条第三款规定："被征地单位和个人对补偿安置方案提出异议的，由区县人民政府协调。"据此，被告××区人民政府处理原告进行协调的申请，是其应履行的法定职责。原告对补偿标准提出异议，曾两次向被告××区人民政府提出进行协调的申请。被告收到申请后，未在法定期限内予以组织协调，且至今未履行该职责。因此，根据《行政诉讼法》的有关规定，特向贵院起诉，请求法院依法判令被告××区人民政府履行法定职责。

此致

湖南省长沙市中级人民法院

起诉人：莫×× 莫×

2008年10月9日

第三节 答辩状、上诉状

一、答辩状

（一）答辩状的概念、种类及特点

答辩状是指在诉讼活动中，被告方或被上诉方针对原告或上诉人的指控，进行答复或辩解的一种诉讼文书。

答辩状可以分为民事答辩状、刑事（自诉）答辩状和行政答辩状，这三类又各有上诉答辩状。答辩状的特点有如下两个：

（1）答复性。原告或上诉人递交起诉状或上诉状，启动了诉讼程序；被告或被上诉人的答辩状是一种应诉行为。在答辩状中，被告或被上诉人对原告或上诉人的指控应当进行回答，以维护自己的合法权益。因而，它具有鲜明的答复性。

（2）论辩性。原告或上诉人在起诉状或上诉状中，必然要陈列事实和理由，提出诉讼请求；那么被告或被上诉人针对上述内容有什么异议，则通过答辩状予以驳斥和辩解。因而，答辩状的论辩性同样突出。

（二）答辩状的作用

（1）答辩状有利于人民法院全面了解案情，以达到公正审判的目的。

（2）答辩状充公体现了诉讼当事人在诉讼活动中权利平等的原则。

（3）答辩状有利于维护被告或被上诉人的合法利益。

（三）答辩状的写法

1. 首部

首部包括标题和答辩人的基本情况。

（1）标题：答辩状的标题可以直接写"答辩状"三个字，也可以在前面加上"民事""刑事""行政""民事上诉"或"行政上诉"等限制词。

（2）答辩人的基本情况：依次写答辩人姓名、性别、年龄、民族、籍贯、职业、单位、住址、电话等内容，如果答辩人是法人或其他组织，也应该列出相应的内容；如果有委托代理人，同样要写清楚基本情况。

2. 正文

正文由答辩案由、答辩理由和答辩意见组成。

（1）答辩案由：即答辩的原由，写明因为何人、上告何事而提出的答辩。一般用"现将×××为×××一案，提出答辩如下"。或"×××诉××……一案，提出答辩如下"等语句表达。

（2）答辩理由：作为应诉的答辩状，这是最重要的一部分。它必须针对原诉中提出的事实、理由和请求，进行答复和辩驳，答辩时，一定要摆出充分的事实和充足的理则，反驳原告人或上诉人，阐明自己的观点和意见，来证明他非而己是。答辩状的辩驳性特强，往往与原诉针锋相对。要注意的是：辩驳性表现在事实的真实、证据的确凿、道理的合法性上，绝非用词激烈、态度粗暴、不讲道理。

（3）答辩意见：在充分阐述答辩理由的基础上，简明提出自己的观点。内容包括一一说明自己的答辩理由正确、合理、合法；指出对方诉状或上诉状的谬误；提出自己的主张，请求依法裁判。

3. 尾部

尾部依次写出致送人民法院的名称；答辩人、代理人署名盖章；日期；附项等。

案例：

答辩状

答辩人：××市××××房地产开发总公司代表何××，公关部经理。

案由：上诉人张××因房屋拆迁一案，不服××市××区〔19××〕民字第19号的判决，提出上诉。现答辩如下：

答辩理由：为了适应本市商业发展的需要，我公司于19××年12月向市城建规划局提出申请报告，要求拓宽新建丝绸百货大楼前面场地150平方米。市城建局于12月25日以市城建字〔19××〕71号批文同意该项工程。同年在拓宽场地过程中，需要拆迁租住户张××一户约18平方米的住房，但张××提出的要求过于苛刻。几经协商，不能解决。答辩人不得已于19××年1月××日投诉于××市××区人民法院。××市××区人民法院于19××年2月以〔19××〕民字第19号判决书判处张××必须于19××年3月底前搬迁该屋，并由市房地产开发总公司提供不少于原居住面积的房屋租给张××居住，但张××仍无理取闹。据此，答辩人认为张××的上诉理由是不能成立的。

（1）张××说我们拓宽新建丝绸百货大楼前面的场地是未经批准的。这是没有根据的。一审法庭曾审查过房地产开发总公司要求拓宽新建丝绸百货大楼前面场地的报告和市城建局城建字〔19××〕71号的批文，并当庭概述了房地产开发总公司的报告内容，还全文宣读了市城建局的批文。这些均有案可查。张××不能因为要求查阅市城建局的批文，未获准许，而否认拓宽工程的合法性。

（2）张××说我们未征得她本人同意，与房主×××订立房屋拆迁协议是非法的。这更无道理。张××租住此屋，只有租住权，并无房屋所有权。所有权理当归属房主×××。我们拓宽场地，拆毁有碍交通和营业的房屋，理当找产权人处理，张××无权干涉和过问。

应当指出，对于张××搬迁房屋一事，我们已作了很大的让步和照顾。我们答应她在搬迁房屋时提供离现居住房屋500米的××新建宿舍大楼底层朝南房间一间，计20平方米，租给她居住。而张××还纠缠不清，漫天要价。扬言不达目的，绝不搬迁。

综上所述，答辩人认为××市××区人民法院的原判决是正确的，合法而又合情合理，应予维持。

此致

××市中级人民法院

答辩人：××××市房地产开发总公司
代表何××
一九××年四月二十五日

二、上诉状

（一）上诉状的概念和作用

（1）上诉状是诉讼当事人或法定代理人因不服人民法院一审判决或裁定，依法向上

一级人民法院提出请求撤销、变更原判或重新审理的书状。依据案件性质，上诉状又分为民事上诉状、刑事上诉状和行政上诉状三类。

（2）其作用主要表现在：当事人利用上诉状向上一级法院表达对初审判决的不服，以引起审判的第二程序发生，给当事人再次提供保护自己合法权益的机会。同时，上诉状也体现了诉讼活动中各方（当事人双方及一审法院）之间的法律地位是平等的。

（二）上诉状的写法

1. 首部

首部仍由标题和当事人基本情况构成。

（1）标题：可以根据案件性质写"民事上诉状""刑事上诉状""行政上诉状"，也可以只写"上诉状"。

（2）当事人基本情况：即写明上诉人和被上诉人的身份事项。其写法与起诉状相同。但在民事诉讼和行政诉讼中，其次序应按上诉人、被上诉人、第三人顺序开列。刑事案件中的公诉案，只列上诉人的基本情况，不必将人民检察院列为上诉人。自诉案件则要列上诉人、被上诉人的基本情况。

2. 正文

正文有上诉请求与上诉理由两部分。

（1）上诉请求：这部分包括以下几点：一是简要概括案情，引述原审判决结论；二是对原审判决结论属全部不服还是部分不服，如果部分不服，是哪一部分；三是提出具体的上诉请求，是撤销原判，还是部分改变原审的判决。总之，上诉请求一定要具体、清楚，切勿含糊其辞。其目的十分明确，因不服一审判决，故请求上一级法院重审和改判。

（2）上诉理由：这部分是提出上诉请求的根据。主要内容是对原审判决的不当之处，依理依据进行分析反驳，表明原判或是在事实认定部分有错，或是定性不当，或是适用法律条款不妥，从而达到撤销原判或部分改判的目的。要注意的是：上诉理由的论述，目标只是针对一审判决，而绝非针对当事人。

3. 尾部

上诉状应当致送中（高）级人民法院，落款是上诉人。其他与起诉状相同。

案例：

上诉状

上诉人（原审被告）：马某，女，生于1976年4月12日，汉族，现住美国丹佛市某路某号。国内住址：北京市海淀区某楼某号。

被上诉人（原审原告）：郭某，男，生于1972年8月12日，汉族，住北京市海淀区某楼某号。

上诉人因离婚纠纷一案，不服北京市海淀区人民法院（2012）海民初字第5952号民事判决，现提出上诉。

上诉请求：

一、撤销北京市海淀区人民法院（2012）海民初字第5952号民事判决，查清事实重新审核和认定夫妻共同财产，并依法合理分割或者将本案发回重审。

二、涉诉一、二审费用全部由被上诉人承担。

上诉理由被上诉人诉上诉人离婚纠纷一案，业经北京市海淀区人民法院做出一审判决，该判决认定事实错误，程序违法，适用法律不当，依法应予撤销改判或者发回重审。

（1）一审判决认定事实错误，程序违法，明显故意偏袒被上诉人。理由有三个：

1）一审判决"经审理查明"部分认定："2003年8月回国后两人（指上诉人和被上诉人）在306号房屋内居住生活，郭某于2006年再次去美国攻读MBA，马某于2008年再次去美国学习。"由此可见，郭某和马某长期固定地共同居住在北京市海淀区某楼某号房屋，这个某号房屋，不是两人的临时居所，最起码的生活必需的家具家用电器不是夫妻共同财产吗？马某主张306号房屋内家具家用电器为夫妻共同财产，一审法官仅仅凭郭某一句"不予认可"，马上就对马某的主张"本院不予采信"了，马某的所有财产全部顷刻间化为乌有，强行剥夺了马某合法的财产权利，就这样让这个为婚姻无私付出十二年美好年华且无过错的弱女子净身出户了。一审法院哪怕只认可共同生活十几年只有一张床、一个沙发是夫妻共同财产也能安慰马某受伤的心啊！在二次庭审中，上诉人多次强调夫妻共同财产包括房产、家具家用电器、日常生活用品，并请求依法分割。一审法官在郭某淡淡的一句"没有共同财产"后，就对上诉人所要求分割306房屋里的夫妻共同财产到底有没有连问都懒得追问郭某。郭某绝不可能自己抢着去承认有床、沙发、电脑等共同财产拿过来分割。马某与郭某在306号房屋共同生活十几年，没有共同财产连鬼都不相信！上诉人认为：一审法官没有以事实为依据，妄下论断，人为地剥夺马某合法的财产权利，这是不公平的！一审法院判决离婚的同时不对夫妻共同财产做出认定和判决，是非常明显的错误，人为的错误！

2）在认定法律事实方面，一审判决犯有有证据不认、对重要证据的质证存在疏漏的重大错误。2013年3月27日第一次庭审，被上诉人郭某对上诉人马某质问所涉及问题已经认可，证据如下：

① 法官问郭某：有没有婚外情同居之事？郭某略停顿后，毫不在乎地大声回答：朋友之间玩玩。

② 法官问郭某：是否隐瞒生育能力问题？郭某停顿后小声回答：不生育不等于没能力（有能力早就生育了）。

③ 法官问郭某：有没有家暴问题？郭某承认确有此事（多次下狠手打马某，从北京打到美国）。

④ 法官问郭某：你资助过马某学费和生活费吗？郭某回答：没有，一次也没有。

⑤ 法官问郭某：婚后还买过什么？郭某回答：一辆汽车，回国后留给马某（汽车属于婚后共同财产，郭某用过近五年的破车）。

⑥ 法官问郭某：有没有北京某教育咨询有限公司。郭某回答：承认该公司。

⑦ 法官问郭某工作单位、月收入等。郭某回答：工作单位是某有限公司，月收入两万元。法官继续问：干什么用了？郭某支支吾吾答不出。法官说：都花了是吧？郭某

回答：是，都花了（乱搞婚外情同居花了）。有意偏袒郭某，帮助其逃避认定高达16万元的夫妻共同财产——参见判决书第三页中间自然段："郭某对上述均不认可。郭某对此提交上海某有限公司出具的退工证明（该证明载明郭某自2011年8月15日进入该单位工作，自2012年4月1日合同解除）。"2011年8月起至2012年4月止共计8个月工资，月收入2万元，合计16万元夫妻共同财产。

上述对话完毕后，马某的父亲对法官连说三遍："他承认了，他承认了，他承认了。"法官不作声。第二次开庭时（即2013年5月31日），上诉人将上述对话写成书面文字递交法庭，法官看后没有说话。上诉人认为：上述证据是郭某在第一次庭审中亲口承认，这在《民事诉讼证据规则》上称为"自认"，系"证据之王"，该证据法律规定可以直接作为定案的依据。可笑的是一审判决置之不理，在庭审笔录上不予体现，导致对证据的认定没有体现出法律的公平、公正。这绝对是对上诉人权利的一种掠夺和蔑视，严重的不公平、不正义！法官的言行有悖于其职业道德！

3) 一审法官在整个庭审中明显偏袒被上诉人。两次开庭，法官没有按照法律规定的程序审理案件，没有法庭调解和法庭辩论环节。上诉人每次都是刚要张口说话，法官就说："给你5分钟，快说！"要么就厉声呵斥："叫你说了吗？"让上诉人胆战心惊，吓得想说什么都忘了。还有，在法庭上，郭某的谎话被上诉人当庭驳斥后，法官依然采信郭某的谎话，并写在判决书中。对马某的句句真话都要证据，否则就不予采信，没有用统一的标准对待双方，让上诉人非常气愤和不满，导致判决的公正性和权威性在上诉人的心目当中荡然无存，上诉人不服。

（2）一审判决适用法律不当，严重损害了上诉人的合法权益。《中华人民共和国婚姻法》第四十六条规定：无过错方有权请求损害赔偿的情形包括："有配偶者与他人同居的"以及"实施家庭暴力的"情形。被上诉人婚姻存续期间与多位女性婚外情，且与他人长期非法同居，是婚姻破裂过错方，上诉人则是受害方、无过错方。2013年3月27日第一次庭审，法官问郭某：有没有婚外情同居之事？郭某略停顿后，毫不在乎地大声回答：朋友之间玩玩。这难道不是对婚外情的自认吗？郭某多次对马某实施家暴，2013年3月27日第一次庭审法官问郭某：有没有家暴问题？郭某承认确有此事（多次下狠手打马某，从北京打到美国），这难道不是对家暴的自认吗（家暴证明人还有：双方父母、美国某公司的黄某夫妇、周某夫妇、陶某夫妇、肖某等人）？每次家暴之后，郭某都跪地请求原谅，还请朋友调解夫妻关系。马某愚蠢地一次又一次原谅他，以为爱情和亲情能够感化郭某。然而郭某的出轨和家暴行为给马某心理上和身体上造成了严重的难以抚平的创伤。一审法院对郭某有配偶与他人同居的事实以及长期实施家暴的行为视而不见，置若罔闻的冷漠，更是给这个弱女子的心灵造成了严重的伤害，马某只能仰天质问苍天不长眼了。经历过郭某这个阴险的丈夫之后，马某对再婚有本能的排斥和心理恐惧，需要很长的时间去重新树立三观，再重新择偶生子不知道何年何月。郭某隐瞒不能生育的事实，直接造成马某现在37岁还未生育，错过了女人最佳生育年龄，这种遗憾终生不能弥补。郭某蓄谋离婚，资产转移，不承认有一点点的共同财产，对马某的这些境遇，马某只能自己拿起法律的武器保护自己了。马某将依法保留对郭某二次起诉的权利。《中华人民共和国婚姻法》第四十七条规定："离婚时，一方隐藏、转移、变卖、毁损夫妻共同财产，或伪造债务企图侵占另一方财产的，分割夫妻共同财产时，对隐藏、转移、变卖、毁损夫妻共同财产或伪造债务的一方，可以少分或不分。离婚后，另一方发现有上述行为的，可以向人民法院提起诉讼，请求再次分割夫妻共同财产。人民法院对前款规定的妨碍民事诉讼的行为，依照民事诉讼法的规定予以制裁。"《婚姻法解释二》第三十一条规定："当事人依据婚姻法第四十七条的规定向人民法院提起诉讼，请求再次分割夫妻共同财产的诉讼时效为两年，从当事人发现之次日起计算。"现在上诉人马某正在积极寻找郭某的财产证据，时刻准备再次提起诉讼分割财产。婚姻十二年，女方美好青春年华无私付出，被无情的人阴谋离婚，深受其害，就因暂时无法提供法庭认可的财产证据，就被判决净身出户。深受其害的无过错方权益没有得到一丝丝的维护，品质恶劣的过错方逍遥法外，没有受到法律一点点惩罚，太不公平了！不能拿一审法院的错误来惩罚上诉人！

综上所述，一审判决认定事实错误，程序违法，适用法律不当，请求二审法院依法查明事实，为上诉人主持公道，依法纠正一审错误且极其不公正的判决，以维护法律的尊严，维护上诉人的合法权益，还法律以公正、公平，还上诉人以公道！

此致
北京市第一中级人民法院
  附：本上诉状副本二份

上诉人：马某
201×年7月22日

写作实训

一、填空题

1. 民事起诉状包括_____、_____、_____三部分。正文（主部）由_____和_____两部分组成。
2. 民事起诉状是_____、_____和_____维护自身合法权益的工具，是_____的根据，是_____的依据。
3. 民事起诉状当事人的基本情况应写清楚_____的基本情况和_____的基本情况。
4. 起诉状作者为主动的一方，称_____，用书面形式将诉讼目的和请求告诉法院，法院随后调查与研究决定是否办理，这称为_____。

二、选择题

1. 民事起诉状是民事案件的原告或法定代理人向哪个部门提起诉讼的书状？（ ）
A. 公安局 B. 人民政府 C. 检察院 D. 人民法院
2. 下列说法表述正确的一项是（ ）。
A. 民事起诉状是原告为维护自己的合法权益，向人民法院递呈的诉讼文书
B. 民事起诉必须由与本案有直接利害关系的公民、法人和其他组织提起诉讼
C. 民事起诉状可以递呈给任何人民法院
D. 罪轻的用民事起诉状提起诉讼；罪重的用刑事自诉状提起诉讼

3. 下列说法表述错误的一项是（　　）。
A. 民事起诉状是人民法院对民事案件立案审理的依据
B. 民事起诉状必定会引起民事诉讼程序的发生
C. 民事起诉状也可成为民事被告答辩和反诉的依据
D. 从立法精神看，民事诉讼只能采取书面形式递呈起诉状
4. 下列表述符合民事起诉状写法的一项是（　　）。
A. 由法定代理人代为诉讼的民事起诉状，应写明法定代理人与被代理人之间的关系
B. 民事起诉状包括开头、中间结尾三部分
C. 被告的基本情况，不必像原告的基本情况一样，必须一一写明
D. 第一行的正中可写可不写标题"民事起诉状"或"民事诉讼"
5. 下列有关"诉讼请求"表述正确的两项是（　　）。
A. 诉讼请求一般可以写得高一些，多一些
B. 诉讼请求可以写得含糊其辞，以便进退自如
C. 诉讼请求必须明确、具体、有依有据
D. 诉讼请求必须围绕要求被告赔偿损失来写
6. 下列有关"事实和理由"表述错误的两项是（　　）。
A. 为达到目的，陈述事实可以适当加以取舍，带上自我的主观色彩
B. 案情陈述要写明时间、地点、原因、事件经过、结果等内容
C. 在陈述事实的同时，可适当分析被告行为或案件事实的性质
D. 理由部分既要列举证据，又要援引相关的法律条文
7. 下列有关"尾部"的表述正确的两项是（　　）。
A. "此致"后面的"××民法院"应另起一行顶格写
B. 起诉人的姓名必须写明，而起诉时间并不重要
C. 起诉人是法人或其他组织的，写明单位或组织名称后，还必须加盖公章
D. 附项中的内容只需大致提及即可

三、写起诉状

第四节　判决书、公证书

一、判决书

（一）判决书的概念

判决书是指人民法院对刑事、民事案件进行审理后，依法以国家审判机关的名义对案件实体问题和程序问题做出具体法律效力的判定，并按照判定的内容、依照法定格式所制作的法律文书，称为判决书。

（二）判决书的种类

判决书主要分为刑事判决书和民事判决书两大类。刑事判决书可以分为若干种类。按内容不同可以分为有罪判决书和无罪判决书；有罪判决书又可以分为科刑判决书和免刑判决书。按照裁判案件的方式不同，可以分为刑事判决书和刑事裁决书。按照审判程序的不同，可以分为第一审刑事判决书、第二审刑事判决书、再审刑事判决书和刑事附带民事判决书、第一审刑事裁定书、死刑复核裁定书、再审刑事裁定书、减刑裁定书和假释裁定书。民事判决书按照审判程序的不同，可以分为第一审民事判决书、第二审民事判决书、再审民事判决书等。我们重点介绍第一审刑事有罪判决书。

人民法院对于所受理的刑事案件，依照第一审程序审理终结，事实清楚，证据确凿，确认被告人的行为构成犯罪，应负刑事责任，依法做出的书面处理结论，称为第一审刑事有罪判决书。第一审刑事有罪判决书的内容和写作如下。

1. 首部

（1）标题

标题包括制作机关名称、文书名称。分两行居中写，上行写制作机关名称，即人民法院的名称。基层法院应当冠以省、自治区、直辖市的名称；涉外案件应当冠以中华人民共和国的国名。字形比正文大一号字。下行写文书名称，即刑事判决书。

（2）文书编号

标题的右下方，写明其案号（文书编号）。案号由立案年度号、制作法院代字、案件性质代字、审判程序代字和案件顺序号组成。如长春市中级人民法院2011年立案，并制作的第19号第一审刑事判决书的案号为"（2011）长法刑初字第19号"。案号的最末一字应当与正文各行对齐，并且上下各空一行。

（3）公诉机关和诉讼参与人情况

① 公诉案件应当先列写公诉机关，即写明"公诉机关×××人民检察院"，不再列写公诉人。

② 自诉案件应当先列写自诉人，即写明"公诉机关×××……"自诉人是按照法律规定直接向人民法院提起刑事诉讼的公民，一般是被害人。应当依次写明自诉人的姓名、性别、出生年月日、民族、出生地、文化程度、职业或工作单位及职务、住址。自诉人有数人的应当依次列写。

③ 被告人的基本情况。在公诉机关或自诉人之后，应当写明被告人的基本情况，依次写明被告人的姓名（曾用名、别名、化名等应当注明，外国人应当注明其国籍、英文译名和护照号码）、性别、出生年月日、民族、出生地、文化程度、职业或工作单位及职务、住址。是否为累犯，即被告人因违法犯罪而受到过刑事处分和被劳动教养的，则应写明受处分和被劳动教养的时间、原因、期限，是从重处罚的条件。何时被拘留、逮捕，羁押处所等。对于未成年被告，必须列写其出生年月日，因为涉及是否适用列刑以及是否从轻处罚等。

被告人是机关、团体、企业或事业单位的，应当分为两个层次来列写。首先，写明"被告单位×××……"。应当写明被告单位的名称、地址。然后另起一行写明其诉讼代表人的姓名、职务。如果需要追究直接责任人员的刑事责任的，应当在其单位之后另起一行列写被告人。如果该直接责任人员是其法定代表人或主要负责人的，法院应当要求人民检察院另行确定单位的诉讼代表人。

在自诉案件中，对方当事人反诉的，应当在本诉当事人的称谓之后用括号注明其在反诉中的地位，即写为"自诉人（反诉被告人）""被告人（反诉自诉人）"。一案有多个被告的，应当按照罪责轻重顺序即主犯、从犯的顺序列写。

④ 辩护人的基本情况。辩护人有律师的，应当写明其姓名、工作单位和职务。如"辩护人×××，×××律师事务所律师"。辩护人不是律师的，是人民团体或被告人所在单位推介的，或者是被告人的近亲属的，应当写明姓名、性别、年龄、工作单位和职务以及与被告人的关系。具体如"辩护人×××，×（性别），××（年龄），在×××（单位名称）任×××（职务），与被告人是×××关系"。辩护人是法院指定的，称谓应当是"指定辩护人"。

⑤ 刑事自诉案件的自诉人或者公诉案件的被害人及其法定代理人或者近亲属委托了诉讼代理人的，应当在其被代理人的次行列写委托代理人的事项。应当写明委托代理人的姓名和所在单位。

（4）案由、起诉情况及审理方式

这一项一般包括：第一，案件的来源，即案件是人民检察院提起公诉的，还是自诉人提起自诉的；第二，被告人姓名及被指控的罪名；第三，是组成合议庭还是独任审判；第四，公诉人和辩护人是否出庭情况；第五，公开审判还是依法不公开审判。行文上可作如下表述："××人民检察院以被告人×××（化名）犯××罪（起诉的罪名），向本院提起公诉。本院依法组成合议庭，由××人民检察院检察长（员）×××出庭支持公诉，公开（或者不公开）审理了本案。现已审理终结。"

对于一些报经审判委员会讨论决定的重大、疑难案件，在案由部分的"本案"与"现已审理终结"之间，增写"经合议庭评议，审判委员会进行了讨论并做出决定"。

2. 正文

正文包括事实、理由和主文，是判决书的主体部分。

（1）一审刑事有罪判决书的事实必须是经过人民法院在法庭调查中所核实的依法确认已构成犯罪的事实。事实是判决的基础，是判决理由和主文的唯一依据。写明犯罪事实，是写好刑事判决书的关键。包括两个方面：判决确认的犯罪事实和认定这些犯罪事实的证据。

（2）理由。理由部分是阐述法院为什么如此判决，是把案件的事实、情节和裁判结果有机地结合在一起的媒介。其核心内容是针对案情的特点，运用法律规定和立法原理与犯罪构成原理及要件，分析被告人行为的实质，论证应该如何处理，从而定出惩罚犯罪的具体措施，达到预防犯罪的目的。阐述以必须法院认定的事实为依据，以刑法、刑事诉讼法的规定为准绳，以事、以法论理，有理有据，力求结构严谨，语言熟练。具体来说，要写明以下几个方面。

① 针对犯罪的事实、性质、情节，运用犯罪构成理论，对被告人的行为做出法律上的判断，即被告人的行为是否构成犯罪，犯的是什么罪。

② 共同犯罪的案件，判决理论还要注意分清各个被告人应负的责任。尤其要突出主犯（包括首要分子）应负的罪责，以体现区别对待的政策精神。

③ 根据具体案件，阐明对被告人从重、加重、从轻、减轻或者免除处罚的理由及法律依据。

法院认定的罪名与公安、检察机关认定的罪名不一致的，应当对此做出分析、说明。

（3）主文。具体写作时，一方面要求合理合法，另一方面要注意不要只写简单的结论，生硬地确定罪名。现由和判决结果之间的任何矛盾之处都应杜绝，比如不能对有罪的判决作无罪的论述；不能对无罪的判决作有罪的论述；不能把犯罪性质说得非常恶劣、严重，而判决结果却很轻，只是判处短期徒刑、拘役等。刑罚判决结果是依照法律条文的具体规定，对被告人做出的有罪或者无罪，犯什么罪，适用什么刑罚的处理结论，是判决书的实质部分，必须严格推敲，做到判决结果与事实、理由、法律相适应。应写明以下内容：退赔或者予以没收。对于财物多、种类杂的，只在判决书上写明其种类和总数，另列清单作为判决书的附件。机关、团体、企业事业单位构成犯罪被判处经济处罚的，首先应写明被告人（单位）犯什么罪，其次写明判处罚金或者没收财产的种类和数额。

3. 结尾

（1）交代上诉权、上诉期限和上诉审法院。在主文之后另起一行写明："如不服本判决，可在接到判决书的第二日起××日内，通过本院或者直接向×××人民法院提出上诉。书面上诉的，应交上诉状正本一份，副本×份。"如果是自诉案件，上诉状副本的份数，应当按照对方当事人的人数写明。

（2）合议庭组成人员署名。在尾部的右下方，由审判长、审判员（代理审判员）依次署名，如系独任审判由审判员或代理审判员署名。对于经院长或者庭长指定担任审判长的，不论原来是审判员还是助理审判员的，应一律以"审判长"名义署名。助理审判员参加合议庭审判的，按照法院组织法的规定，其署名应为"代理审判员"。

（3）判决的决定日期。在合议庭组成人员的右下方写明判决的年月日，如果是经过审判委员会讨论的案件，应写审判委员会做出决定的日期，并加盖人民法院印章。

（4）书记员署名。在年月日下方署书记员名，并在年月日和署名之间的左下方加盖"本件与原本核对无异"的条戳，以示核对。

案例：

××市××区人民法院
民事判决书

（199×）建初字第 256 号

原告××市××××开发公司（以下称开发公司），地址在本市铁花里 10 号。

法定代表人刘××，开发公司总经理。

委托代理人冯××，××市××律师事务所律师。

被告张×，男，1950 年 3 月 4 日生，汉族，××市××研究所工人，住本市胜棋路 20 号。

原告开发公司与被告张×房屋迁址一案，本院受理后，依法组成合议庭，公开开庭进行了审理。原告开发公司的委托代理人冯××和被告张×到庭参加诉讼。本案现已审理终结。

原告开发公司诉称，1991年对被告原住本市西街10号拆迁时，因被告无房过渡，遂将本市小园第1、2号过渡房安排给被告过渡，现被告早已搬入新居，故诉请被告立即腾让过渡房并赔偿损失费1.5万元。

被告张×辩称，现虽住进了安置房，但因安置房的产权证书和拆迁遗留问题未解决，故未腾让过渡房，原告将上述问题解决并赔偿损失3万元后，立即腾让过渡房。

经审理查明，1991年原告下属×××指挥部对被原住本市西街20号住房进行了拆迁并于1992年5月4日与被告订立拆迁补偿协议。嗣后，因被告无房过渡，该指挥部于1992年5月10日将本市小园第1、2号过渡房提供给被告过渡。1994年被告的安置房交付使用后，因安置房的产权问题及被告的尚留有少量未拆迁住房的补偿未能解决等被告未能腾让过渡房。原告经催要未果遂诉请被告立即迁让过渡房并赔偿损失1.5万元。被告应诉后，要求原告先解决安置房的产权证及拆迁遗留问题并赔偿损失3万元。原、被告各执己见，不能达成一致意见。

上述事实，有双方当事人陈述及补偿安置协议书等书证证实。

本院认为，被告住进安置房后理应腾让过渡房，故原告要求被告腾让过渡房的请求应予支持。被告以未办理安置房的产权证等为由，不腾让过渡房的主张，不予支持。被告未腾让过渡房引起纠纷，应负主要责任，故其要求原告赔偿损失的请求不予支持；原告未及时解决与拆迁相关的问题，也有一定的责任，故对其要求被告赔偿损失的请求亦不予支持。为此，依照《中华人民共和国民法通则》第五条之规定，判决如下：

被告张×应于本判决生效后5日内腾让本市小园第1、2号过渡房，交原告开发公司。

本案受理费50元，其他诉讼费用100元，由张×负担。

如不服本判决，可在判决书送达之日起15日内向本院递交上诉状，并按对方当事人的人数提出副本，上诉于××省××市中级人民法院。

审判长：刘××
审判员：李××
审判员：管××
199×年×月×日
本件与原本核对无异
书记员：万××

（××××）×民再字第××号

原审原告（或原审上诉人）……（写明姓名或名称等基本情况）。

原审被告（或原审被上诉人）……（写明姓名或名称等基本情况）。

原审第三人……（写明姓名或名称等基本情况）。

（当事人及其他诉讼参加人的列项和基本情况的写法，除当事人的称谓外，与一审民事判决书样式相同。）

……（写明原审当事人的姓名或名称和案由）一案，本院于××××年××月××日做出（××××）×民×字第××号民事判决（或裁定），已经发生法律效力。××××年××月××日，本院以（××××）×民监字第××号民事裁定，决定对本案进行再审。本院依法另行组成合议庭，公开（或不公开）开庭审理了本案……（写明参加再审的当事人及其诉讼代理人等）到庭参加诉讼。本案现已审理终结（未开庭的写："本院依法另行组成合议庭审理了本案，现已审理终结。"）。

……（概括写明原审生效判决认定的主要事实、理由和判决结果，简述当事人提出的主要意见及其理由和请求）。

经再审查明，……（写明再审认定的事实和证据）。

本院认为，……（根据再审查明的事实，着重论述原审生效判决定性处理是否正确，阐明应予改判，如何改判，或者应当维持原判的理由）。依照……（写明判决所依据的法律条款项）的规定，判决如下：

……（写明判决结果）。

……（写明诉讼费用的负担。维持原判的，此项不写）。

……（按第一审程序再审的，写："如不服本判决，可在判决书送达之日起十五日内，向本院递交上诉状，并按对方当事人的人数提出副本，上诉于××××人民法院。"按第二审程序再审的，写："本判决为终审判决。"）。

审判长×××
审判员×××
审判员×××
××××年××月××日
（院印）
本件与原本核对无异
书记员×××

二、公证书

（一）公证书的概念

公证是国家公证机构接受当事人申请公证后，根据当事人的申请，依法证明法律行为、有法律意义的文书和事实的真实性、合法性，以保护公共财产，保护公民身份、财产上的权利和合法利益的国家证明活动。

公证书是公证处为当事人出具的具有特殊法律效力的非诉讼性证明文书，它是司法文书的一种。其作用是为我国公民、法人和外国有关部门提供可信赖的证据，以维护当事人的合法权益。公证书各部分要合订在一起加盖公证处钢印后方为有效，才能发出供公民或法人使用。

（二）公证书的效力

公证的效力是指公证证明的适用范围和对人的法律约束力。公证的效力又称"公证书的效力"。我国的公证具有如下三种效力。

1. 证据效力

证据效力是指公证书是一种可靠的证据，具有特殊的证明力，可供接受者直接采用，而无须核查。这是因为公证机关是国家的司法机构，它通过事前的调查核实工作，使经公证的法律行为、法律事实与文书的真实性和合法性得到确认，故具有无可争议的证明力，可以直接作为人民法院认定事实的根据。

2. 强制执行效力

强制执行效力是指经过公证证明的追偿债款或物品的债权文书，债务人不履行时，债权人可持该公证书直接向有管辖权的人民法院申请强制执行，而无须经过诉讼程序。公证的强制执行效力是法律赋予公证机构的特殊职能，是法律强制性在公证活动中的体现。

3. 法律要件效力

法律要件效力又称"法律上的效力"。公证的法律要件效力是指在特定条件下，公证证明成为某些法律行为成立的必要条件时，对当事人产生的约束力。

（三）公证书的特征

第一，我国公证组织制作的公证书是社会主义性质的。公证工作是国家司法行政工作的一部分。公证机关代表国家行使工作职能，归司法行政部门领导。它所制作的公证书具有社会主义国家的法律权威和法律效力。

第二，公证书是一种非诉讼意义的法律文书。它的主要任务是为国家机关、企事业单位、社会团体、公民、华侨、出国人员和在我国的外国人证明遗嘱、赠予、继承、转让、合同、委托、房屋买卖等的各种法律行为，证明各种具有法律意义的文书和事实。这些文书是非诉讼性的，和审判机关制作的诉讼文书是不同的。

第三，一切公证文书都产生证据上的效力。经过公证的文书和事实，是为了确认它的真实性，证明它的合法性，使其具有法律上的可靠性，从而产生证据上的效力。

（四）公证书的结构、写作内容和方法

公证书由首部、正文、尾部三部分组成。

1. 首部

首部写明标题、编号，即"××××公证书""（××××）×公证字第×号"。继承、收养、亲属关系公证书还应写明当事人的姓名、性别、出生年月日、住址等身份事项。

2. 正文

正文又称证词，应根据当事人申请证明的事项，写明公证机关确认的法律行为或法律事实。包括：

① 所要证明的问题的性质，如遗嘱还是委托等。
② 说明申请公证人的要求事项，要逻辑清晰，内容清楚，语言准确，指向确定，语气肯定。不能含混不清，以免引起不必要的纠纷。
③ 申请公证人需签名盖章，说明经公证处"审查属实"。

3. 尾部

尾部写明制作文书机关的全称，并由公证员签名盖章，注明文书签发的年月日，并加盖公章。

（五）公证书的基本要求

（1）当事人申请公证，应当亲自到公证处提出书面或口头申请。委托别人代理的，必须提供有代理权的证件。
（2）制作公证书前，应按法律规定进行必要的调查研究，以确保公证书内容的真实与合法。
（3）制作公证书一般应一事一证，以保证所证内容的连贯与准确。
（4）公证书所需年份必须使用公历。
（5）公证书必须书写清楚，文字通顺，没有歧义，用词高度准确。
（6）公证处对不真实、不合法的事实与文书应当拒绝公证。

（六）几种常用的公证文书

1. 合同公证书

合同公证书是指公证机关依法证明法人、非法人组织、个体工商户、农村村民、农村承包经营户之间为了实现一定的经营目的，明确相互权利义务关系而达到协议的证明文书。

2. 继承公证书

继承公证书是指公证机关依法证明当事人根据我国继承法产生的继承法律关系的法律文书。

3. 亲属关系公证书

亲属关系公证书是指申请人向公证机关请求确认其与关系人之间确实存在某种亲属关系的证明文书。其目的是确认他们之间的法律关系及其发生的有法律意义事实的合法性。

4. 遗嘱公证书

遗嘱是公民生前处理自己所有的财产及其他事务，并在其死后发生法律效力的行为。遗嘱公证是公证机关根据遗嘱人的申请，依法证明其立遗嘱的行为真实、合法的行为。如果有几份遗嘱同时存在，以最后的公证遗嘱为准。

5. 婚姻状况公证书

婚姻状况公证是指公证机关对公民现存的婚姻状况这一法律事实的真实性、合法性给予证明的活动。这类公证主要用于我国公民在国外办理结婚、定居、留学等法律手续。婚姻状况公证的种类包括结婚公证、未婚公证、离婚公证、丧偶公证等。

6. 婚前财产公证书

婚前财产协议是指男女双方各自婚前所有财产做出的不作为婚后共有财产的约定。对婚前财产所有权的归属做出约定在婚前、婚后均可办理，不受登记与否的限制。婚前财产公证则是指将上述婚前财产协议进行公证，以增强该协议的公信力。在日常生活中，人们习惯地简称为"婚前财产公证"。

此外，还有出生公证书、收养公证书、专业职务公证书、国籍公证书等。

案例：

遗嘱公证书

××字第××号

申请人：×××（基本情况）

公证事项：遗嘱兹证明×××（申请人）于××××年×月×日来到我处，在本公证员和本处公证员×××的面前，在前面的遗嘱上签名，并表示知悉遗嘱的法律意义和法律后果。×××（申请人）的遗嘱行为符合《中华人民共和国民法通则》第五十五条和《中华人民共和国继承法》第十七条第一款的规定。

中华人民共和国××省××市（县）××公证处公证员（签名或签名章）

××××年×月×日

注：

（1）设立共同遗嘱的，立遗嘱人均应当列为申请人。

（2）如果是公证机构的其他工作人员或者见证人，应当据实表述。

（3）引用文书的全名。

（4）签署的形式应当据实表述：仅有签名的，表述为"签名"；签名、印鉴、指纹等几种形式同时存在的，一并予以表述；申办公证时提交了已签署的遗嘱书，且未作修改，表述为"×××（申请人）在本公证员的面前确认，前面的遗嘱是其真实的意思表示，遗嘱上的签名（印鉴）是×××（申请人）本人所为"。

（5）有新法或者专门规定的，表述作相应调整。

第七章　应用文综合能力的运用

第一节　毕业论文

一、毕业论文的基础内容

(一) 概念

毕业论文，泛指专科毕业论文、本科毕业论文（学士学位毕业论文）、硕士研究生毕业论文（硕士学位论文）、博士研究生毕业论文（博士学位论文）等，即需要在学业完成前写作并提交的论文，是教学或科研活动的重要组成部分之一。

(二) 撰写意义

(1) 撰写毕业论文是检验学生在校学习成果的重要措施，也是提高教学质量的重要环节。大学生在毕业前都必须完成毕业论文的撰写任务。申请学位必须提交相应的学位论文，经答辩通过后，方可取得学位。可以这么说，毕业论文是结束大学学习生活走向社会的一个中介和桥梁。毕业论文是大学生才华的第一次显露，是向祖国和人民所交的一份有分量的答卷，是投身社会主义现代化建设事业的报到书。一篇毕业论文虽然不能全面地反映出一个人的才华，也不一定能对社会直接带来巨大的效益，对专业产生开拓性的影响。但是，实践证明，撰写毕业论文是提高教学质量的重要环节，是保证出好人才的重要措施。

(2) 通过撰写毕业论文，提高写作水平是干部队伍"四化"建设的需要。党中央要求，为了适应现代化建设的需要，领导班子成员应当逐步实现"革命化、年轻化、知识化、专业化"。这个"四化"的要求，也包含了对干部写作能力和写作水平的要求。

(3) 提高大学生的写作水平是社会主义物质文明和精神文明建设的需要。在新的历史时期，无论是提高全民族的科学文化水平，掌握现代科技知识和科学管理方法，还是培养社会主义新人，都要求我们的干部具有较高的写作能力。在经济建设中，作为领导人员和机关的办事人员，要写指示、通知、总结、调查报告等应用文；要写说明书、广告、解说词等说明文；还要写科学论文、经济评论等议论文。在当今信息社会中，信息对于加快经济发展速度，取得良好的经济效益发挥着越来越大的作用。写作是以语言文

字为信号,是传达信息的方式。信息的来源、信息的收集、信息的储存、整理、传播等都离不开写作。

二、毕业论文的格式

(一) 封面

毕业论文的封面一般由文头、标题(有的有副标题)、作者、专业、年级、学号、指导教师、成绩等项目名称组成。不同学校或不同类别论文每一项会有具体要求。

(二) 摘要和关键词

"摘要"是摘取文章中重要的观点,并予以客观、具体的陈述。毕业论文中摘要分为两个语言版本,即中文和英文,每个部分各占一页。摘要内容下面紧接着是关键词,关键词之间不需要标点符号,空一空格即可。

(三) 目录

写出目录,标明页码。正文包括一级、二级标题(根据实际情况,也可以标注更低级标题)、参考文献、附录、致谢等。

(四) 正文

专科毕业论文正文字数一般应在5 000字以上,本科文学学士毕业论文通常要求8 000字以上,硕士论文可能要求在3万字以上(不同院校可能要求不同)。

毕业论文正文包括前言、本论、结论三个部分:

(1) 前言(引言)是论文的开头部分,主要说明论文写作的目的、现实意义、对所研究问题的认识,并提出论文的中心论点等。前言要写得简明扼要,篇幅不要太长。

(2) 本论是毕业论文的主体,包括研究内容与方法、实验材料、实验结果与分析(讨论)等。在本部分要运用各方面的研究方法和实验结果,分析问题,论证观点,尽量反映出自己的科研能力和学术水平。

(3) 结论是毕业论文的收尾部分,是围绕本论所做的结束语。其基本的要点就是总结全文,加深题意。

(五) 注释

在论文写作过程中,有些问题需要在正文之外加以阐述和说明,此时在正文加注之处右上角加数码,形式为"①"或"(1)"。

(六) 参考文献

参考文献是在学术研究过程中,对某一著作或论文的整体的参考或借鉴。征引过的文献在注释中已注明,不再出现于文后参考文献中。按照字面的意思,参考文献是文章或著作等写作过程中参考过的文献。然而,按照(GB/T 7714—2005)《文后参考文献

第七章 应用文综合能力的运用

著录规则》的定义,文后参考文献是指"为撰写或编辑论文和著作而引用的有关文献信息资源"。

1. 文献载体代码

(1) 参考文献类型:专著[M],论文集[C],报纸文章[N],期刊文章[J],学位论文[D],报告[R],标准[S],专利[P],论文集中的析出文献[A]。

(2) 电子文献类型:数据库[DB],计算机[CP],电子公告[EB]。

(3) 非纸张型载体类型:联机网上的数据库[DB/OL],光盘图书[M/CD],磁带数据库[DB/MT],磁盘软件[CP/DK],网上期刊[J/OL],网上电子公告[EB/OL]。

2. 文献标注格式

(1) 专著、论文集、学位论文、报告

[序号] 主要责任者.文献题名[文献类型标识].出版地:出版者,出版年,起止页码(可选)

[1] 刘国钧,陈绍业.图书馆目录[M].北京:高等教育出版社,1957,15-18.

(2) 期刊文章

[序号] 主要责任者.文献题名[J].刊名,年,卷(期):起止页码.

[1] 何龄修.读南明史[J].中国史研究,1998,(3):167-173.

[2] OU J P, SOONG T T, et al. Recent advance in research on applications of passive energy dissipation systems [J]. Earthquack Eng, 1997, 38 (3):358-361.

(3) 论文集中的析出文献

[序号] 析出文献主要责任者.析出文献题名[A].原文献主要责任者(可选).原文献题名[C].出版地:出版者,出版年,起止页码.

[7] 钟文发.非线性规划在可燃毒物配置中的应用[A].赵炜.运筹学的理论与应用——中国运筹学会第五届大会论文集[C].西安:西安电子科技大学出版社,1996,468.

(4) 报纸文章

[序号] 主要责任者.文献题名[N].报纸名,出版日期(版次).

[8] 谢希德.创造学习的新思路[N].人民日报,1998-12-25(10).

(5) 电子文献

[序号] 主要责任者.电子文献题名[电子文献及载体类型标识].电子文献的出版或获得地址,发表更新日期/引用日期.

[12] 王明亮.关于中国学术期刊标准化数据库系统工程的进展[EB/OL].

[8] 万锦.中国大学学报文摘(1983—1993).英文版[DB/CD].北京:中国大百科全书出版社,1996.

案例:

某大学生毕业论文

【摘要】本地化软件测试是国际化软件测试的一种。它是随软件全球化的产生而产生的。所以本地化测试带有全球化的特性,该特性就决定了本地化测试的生命周期,也决定了本地化测试的发展前途和发展速度。本文主要介绍了本地化、国际化软件测试的概念，本地化、国际化软件测试的前景，本地化、国际化软件测试与普通的软件测试之间的区别，本地化、国际化测试的目的和原则，本地化、国际化测试的主要测试内容，有什么测试策略，本地化、国际化软件经常出现的BUG及产生BUG的原因，本地化、国际化测试的方法，常用的几种测试用例。同时，本文还给出了部分例子，及一个报告错误用的软件的用法。由于工作环境多在英文环境中，所以，后面涉及实际工作的东西多用英文描述。

【关键词】本地化 国际化 测试 BUG

Analysis and Practice of localization and Internationalization Testing

【Abstract】 The localization software testing is an international software testing. It is appeared with the generation of software globalization. So the localization testing with the characteristics of globalization, this feature determines the life cycle of localization testing, localization testing also determines the future development and the pace of development. This paper mainly introduces what is the localization, the concept of international software testing, the prospects for the localization of software testing, the differences between the localization software testing and the ordinary software testing, the purposes and principles of the localization testing, the main testing content of the localization testing, the kinds of testing strategies, the common BUG appeared in the localization software, the reasons of appearing of the BUG, the model's sorts of the localization testing, the methods of the localization testing, and several kinds of common cases. The work environment more embedded in the english environment, so the content which relate to the actual work described in english.

【Keywords】localization, internationalization, testing, BUG

目　录

第一章　软件本地化国际化测试的基础……………………………………………… 1
1.1　什么是软件本地化……………………………………………………………… 1
1.2　什么是软件国际化……………………………………………………………… 1
1.3　软件本地化与国际化的联系与差别…………………………………………… 1
1.4　漫谈全球化测试………………………………………………………………… 2
第二章　软件国际化…………………………………………………………………… 4
2.1　软件国际化测试的特点………………………………………………………… 4
2.2　软件国际化的基本要求………………………………………………………… 4
2.3　软件国际化的设计准则………………………………………………………… 5
2.4　软件国际化测试要点及案例…………………………………………………… 6
2.5　软件国际化测试BUG案例…………………………………………………… 10
第三章　软件本地化………………………………………………………………… 15
3.1　软件本地化的测试特点……………………………………………………… 15

第七章 应用文综合能力的运用

3.2 软件本地化的基本要求 ··· 16
3.3 软件本地化的测试要点 ··· 17
3.4 软件本地化的质量要求 ··· 19
3.5 软件国际化测试BUG案例 ··· 21
第四章 提交BUG软件——Watson Express ·· 26
4.1 Watson Express 的简介 ··· 26
4.2 Watson Express 的使用 ··· 26
后记 ·· 35
参考文献 ·· 36

第一章 软件本地化国际化测试的基础

1.1 什么是软件本地化

本地化：将软件产品按特定国家、地区或语言市场的需要进行加工，使之满足特定市场上的用户对语言和文化的特殊要求的软件生产活动。本地化的英文对应"Localization"，缩写为L10N，其中L为首字母，N是尾字母，10表示在首字母的L和尾字母的N之间省略了10个字母。

1.2 什么是软件国际化

国际化：在软件设计和文档开发过程中，使得功能和代码设计能处理多种语言与文化习俗，能够在创建不同语言版本时，不需要重新设计源代码的软件工程方法。国际化的英文单词是Internationalization，所写为I18N，其中I是首字母，N是尾字母。18表示在首字母的I和尾字母N之间省略了18个字母。

1.3 软件本地化与国际化的联系与差别

1. 测试需要用的操作系统

国际化测试人员一般会基于多个语言的操作系统进行测试，因为国际化测试需要负责软件对各个不同国家操作系统的支持。一般至少选择两个，以亚洲为代表的比如日语，以欧洲为代表的比如德语。

本地化测试人员一般只在某一个特定语言的操作系统进行测试。除非该测试人员要负责多个语言的本地化。

2. 测试的 build

国际化测试一般用英文 build 和伪本地化 build 进行测试，英文 build 一般主要用来发现国际化第一级和第二级的问题，伪本地化 build 主要用来测试国际化第三级的问题。

本地化测试一般用已经翻译过的本地化 build。

3. BUG 的处理方式

国际化的 BUG 一般都是需要通过修改代码才能修改好。

121

本地化的 BUG 一般都是通过修改翻译和修改资源文件来修复，不需要修改代码（这个是理想情况）。

4. 测试的核心关注点不同

国际化测试关注针对各种语言的支持，概括来说就是对 DBCS、Hi-ASCII 的支持，包括显示、输入、输出等，还有对于不同国家的时间日期格式、货币符号显示等。

本地化测试主要关注自己测试的语言上的输入、输出、显示，所测语言上一些特殊性等。

5. 测试进入项目的时间不同

国际化测试一般很早就开始进入项目，基本上是项目开始不久，需求基本确定后就进入。

本地化测试一般进入项目时间较晚，一般是国际化测试进入中期或快结束时进入。

从以上可以看出国际化和本地化的关系，概括来说就是好的国际化设计可以使软件更容易的本地化，减少本地化过程所需要的时间和精力，缩短发布时间。同理，国际化测试人员做得好了，本地化测试人员的工作就比较容易了。

1.4 漫谈全球化测试

为了满足全球化软件世界范围内发布的需要，在全球化软件的开发过程中，软件的国际化设计和本地化工程处理是两个重要的步骤。与开发过程相对应，作为软件质量保证过程的全球性软件测试过程，包含一系列相互关联的测试技术和流程，可以分为功能/性能测试、国际化测试、本地化能力测试和本地化测试等阶段。

1. 功能/性能测试

功能/性能测试的对象是原始语言开发的软件。测试的目的是保证软件的功能和性能符合软件设计说明书和用户的使用需求。

功能/性能测试是全球化软件测试的第一个测试过程，是进行其他测试的基础。测试的依据是软件设计说明书，测试的内容包含设计说明书中全部的软件的功能特征和性能。

对于原始语言为英语的软件功能/性能测试，从测试环境分析，应该选择至少一种英文操作系统，进行特征功能测试，配置不同的硬件进行性能和兼容性测试。

由于大部分软件的开发都是里程碑式的功能不断完善的过程，因此，功能/性能测试将包括单元测试、集成测试、系统测试等过程。

另外，虽然离岸外包测试正成为软件测试的新模式，但是软件的功能/性能测试仍然采用开发现场测试的模式，以保持测试者与开发者的实时直接交流。

总之，功能/性能测试的重点是软件的功能和性能，只有通过了该测试，才能进行下一步的其他测试。

2. 国际化测试

国际化测试的目的是测试软件的国际化支持能力，发现软件的国际化的潜在问题，保证软件在世界不同区域中都能正常运行。

第七章 应用文综合能力的运用

国际化测试的测试环境，以 Windows 应用软件为例，针对世界软件市场的语言优先级，需要首先应用德语和日语的操作系统。这两种语言代表最重要的区域市场，同时日语又作为东亚双字节字符的典型语言。可以在英文 Windows 操作系统上安装具体的语言支持文件进行区域设置。

将日语作为系统默认区域设置进行测试，可验证 ANSI（非 Unicode）组件中的双字节字符集（DBCS）处理。将德语作为系统默认区域设置进行测试，可确保需要进行文本转换时能够正确处理 ANSI 和 OEM 代码页。

国际化测试使用每种可能的国际输入类型，针对任何区域性或区域设置检查产品的功能是否正常，软件国际化测试的重点在于执行国际字符串的输入/输出功能。

国际化测试数据必须包含东亚语言、德语、复杂脚本字符和英语（可选）的混合字符；其中复杂脚本字符是指阿拉伯语、希伯来语、泰语。

在国际化测试中发现的比较严重的软件错误包括软件在不同的区域设置环境下的功能丢失或数据破坏。这些错误经常出现在字符编码转换和双字节字符的输入/输出过程中。

3. 本地化能力测试

本地化能力是指不需要重新设计或修改代码，将程序的用户界面翻译成任何目标语言的能力。本地化能力高的软件可以容易地实施本地化处理。

本地化能力测试的目的是测试软件的本地化支持能力，尽早发现软件本地化时将会出现的潜在错误。本地化能力测试通过以后，表示产品已可用于本地化，才能进行软件的本地化过程和本地化测试。

为了降低本地化能力测试的成本，提高测试效率，本地化能力测试通常是在软件的伪本地化版本上进行的。软件的伪本地化是指将软件中需要本地化的英文文本，使用其他本地化的文本替换，模拟本地化版本的过程。

值得注意的是，对于阿拉伯语等的文本从右到左的显示方式，需要采用镜像技术模拟本地化版本。

本地化能力测试中发现的典型错误包括：字符的硬编码（即软件中需要本地化的字符写在了代码内部），对需要本地化的字符长度设置了固定值，在软件运行时以控件位置定位，图标和位图中包含了需要本地化的文本，软件的用户界面与文档术语不一致等。

4. 本地化测试

本地化测试的目的是测试特定目标区域设置的软件本地化质量。本地化测试的对象是软件的本地化版本。

本地化测试的环境是在本地化的操作系统上安装本地化的软件。从测试方法上可以分为基本功能测试、安装/卸载测试、当地区域的软/硬件兼容性测试。

测试的内容主要包括软件本地化后的界面布局和软件翻译的语言质量，包含软件、文档和联机帮助等部分。

本地化测试的软件错误主要包括布局错误（版式、大小和位置）、本地化有关的功能错误、翻译错误和双字节支持错误。

软件的翻译质量包括翻译的准确性、完整性、一致性，以及特定区域市场的文化、传统、习俗和政治的敏感内容。

为了保证软件本地化测试的质量和成本，通常外包给当地语言为母语的本地化服务公司。

总之，全球化软件的测试是保证软件全球发布的质量保证活动。软件的功能/性能测试、国际化测试、本地化能力测试和本地化测试是一系列互相联系的测试过程。遵循国际化设计和保持良好的本地化能力，可以保证软件的国际化和本地化测试，实现软件的全球化和本地化。

第二章　软件国际化

2.1　软件国际化测试的特点

环境配置：英文产品＋语言环境。

在测试流程上和英文版同时进行，先于本地化测试。

Bug fixing：需要修改代码，而不是资源文件。

BUG集中在某个或所有语言区域，较少出现在特定语言上。

2.2　软件国际化的基本要求

国际化软件的用户分布在不同的国家/地区，并且使用不同的语言，因此国际化软件的设计要充分考虑满足用户的功能和区域特性的需要，与面向单一语言的软件相比，国际化软件具有以下基本要求。

1. 全球可用性是国际化设计的目标

全球可用可以保证国际化设计的软件顺利实施本地化，使程序能够运行在不同的语言软件环境中。为了保持较高的开发效率，为各种语言版本创建共同的单一二进制、全球可用的内核，是一种快速有效的方法。全球可用性的目标是各种不同语言的版本具有一致的外观、风格和功能。

2. 支持不同编码字符集的能力

国际化的软件应该支持不同语言和字符的输入、显示和输出。对于东亚市场的版本，不但需要支持单字节字符集，还需要正确地支持双字节字符集。因此，需要在软件国际化设计时，处理正确的字符集编码，最好的方式是采用Unicode字符编码标准。

3. 支持区域信息格式

国际化软件需要支持不同区域的信息格式的要求，例如，键盘布局、字符串排序、日期、时间、数字、货币、地址、电话号码、度量单位等与特定区域的语言和文化有关的信息。保证不同语言版本的软件能够正确输入、显示、编辑、打印这些信息。

4. 国际化特征贯穿于软件项目的全过程

国际化特征和要求需要从软件项目最初的市场调研、项目的可行性研究以及项目计划加以考虑。在随后的项目的需求分析、方案设计、系统详细设计、软件编码、软件测试、软件质量管理、软件发布、软件维护的全过程，始终贯彻国际化的要求。因此，要求全体项目人员都负责软件的国际化功能，树立国际化的软件观念，实施软件国际化技术。

5. 提高软件的本地化能力

提高软件的本地化能力，可以降低本地化的成本，提高软件的质量、可用性和稳定性。要求软件开发人员从软件开发的开始阶段就遵循基本的本地化能力准则来设计和编写软件。将需要本地化的内容与程序代码分开，单独放在资源文件中。

6. 尽早测试国际化软件

由于必须通过修改程序代码才能解决本地化能力方面的错误，因此，如果到了软件本地化阶段再修正这些错误，那么，将带来很大的困难，提高开发成本，推迟本地化过程。为此，需要通过伪本地化测试本地化能力，尽早发现和修改软件的国际化错误。可以在编码刚刚完成甚至在详细设计阶段开始测试。不仅测试程序，也要测试设计文档。

2.3 软件国际化的设计准则

在进行国际化软件设计实践过程中，软件专业人员逐步总结出一些通用的准则。遵守这些规则，可以避免国际化软件项目走弯路，提高质量，降低开发和维护费用。

国际化软件设计需要遵循的通用准则如下：

（1）在国际化软件项目的最初期融入国际化思想，并且使国际化贯彻于项目的整个生命周期；

（2）采用单一源文件进行多语言版本的本地化，不针对不同的语言编写多套代码；

（3）需要本地化的文字与软件源代码分离，存储在单独的资源文件中；

（4）软件代码支持处理单字节字符集和多字节字符集文字的输入、输出和显示，并且遵守竖排和折行规则；

（5）软件代码应该支持 Unicode 标准，或者可以在 Unicode 和其他代码页（Code Pages）互换；

（6）软件代码不要嵌入字体名，也不要假设使用某种字体；

（7）使用通用的图标和位图，避免不同区域的文化和传统差异，避免在图标和位图中嵌入需要本地化的文字；

（8）菜单、对话框等界面布局能够处理本地化文字的长度扩展；

（9）源语言的文字要准确精简，使用一致的术语，避免歧义和拼写错误，容易进行本地化翻译；

（10）保证不同区域的键盘布局都能使用源软件的快捷键；

（11）考虑不同区域的法律对软件的要求；

（12）如果软件中采用第三方开发的软件或组件，需要检查和确认是否满足国际化的要求；

（13）保证源语言软件可以在不同的区域和操作系统上正确运行；

（14）软件代码中避免"硬编码"，不使用基于源语言的数字常量、屏幕位置、文件和路径名；

（15）字符串的缓冲区长度要满足本地化字符扩展的长度。

与面向单一区域、单一语言的软件开发项目相比，开发国际化软件项目不仅在技术上，而且在项目需求和管理的各个方面都更加复杂，国际化软件项目失败的案例较多，开发国际化软件项目成为高风险的生产活动。

分析那些失败的国际化软件项目，其原因可能多种多样，但是没有遵守国际化软件的设计准则和技术要求，没有考虑国际化和本地化的使用要求等因素成为最大的问题。

2.4 软件国际化测试要点及案例

开发全球可用的国际化软件时，软件的结构设计者必须考虑诸多因素，如语言、数据格式、字符处理和用户界面等方面的问题，软件的特征功能测试要与国际化能力测试结合在一起，确保所有的功能测试都符合全球可用性。

语言问题描述软件各种语言在显示、字母、语法和语法规则方面存在的差异，包括双向识别功能、大小写、代码页、字体等几个方面。

（1）双向识别功能：双向（Bidi）是用于描述既可以从左到右（LTR）排列也可以从右到左（RTL）排列文本的功能。由英语和阿拉伯语混合而成的文本是一个好例子。软件国际化测试要检查软件是否支持双向文字。

（2）大小写转换：处理字符的大小写的算法要注意某些语言的大小写字符之间没有一对一映射。而大多数非拉丁脚本甚至不使用小写和大写的概念。例如，中文、日语、泰语等亚洲语言文字。

（3）代码页：代码页是按某种顺序排列的选定字符代码（表示为代码数据点的字符）的列表。定义代码页通常是为了支持共享共同的书写体系的特定语言或语言组。

（4）双字节字符集：中文、日语和朝鲜语包含的字符超过256个，属于双字节字符集（DBCS）。应该测试软件是否支持双字节字符集的处理。

（5）字体：在进行国际化测试时，要注意测试软件是否硬编码字体名称和字体的大小。如果对显示英文字符但不显示日语字符的字体名称进行硬编码，所有本地化的日语文本将不会正确显示，另外，运行软件的计算机上可能没有安装程序需要的字体。

（6）输入法编辑器：输入法编辑器（IME）也称为前端处理器，IME由一个将键击转换为拼音、表意字符的引擎和常用的表意字词典组成。当用户击键时，IME引擎尝试将键击转换为表意字符或字符。要测试软件是否可以采用不同的IME输入各种文字。

（7）换行和断字：亚洲DBCS语言的规则与西方语言的规则完全不同。例如，与大多数西方书面语言不同，中文、日语、朝鲜语和泰语不一定使用空格将一个字同下一个字区分开。泰语甚至不使用标点符号。对于这些语言，国际化软件不能简单地将换行和换行算法基于空白字符或标准断字规则。

（8）键盘：键盘布局因区域设置而异。某些字符并不是存在于所有的键盘布局中。测试国际化软件是要注意软件在分配快捷组合键时，确保可以使用国际键盘重新产生它们。某些快捷键可能并非适用于特定区域设置的每种键盘布局。例如，某些区域性或区域设置使用不止一种键盘，如东欧和大多数讲阿拉伯语的国家/地区。

第七章 应用文综合能力的运用

（9）镜像识别功能：对于阅读顺序从右到左（RTL）的语言，不仅文本对齐方式和文本读取顺序从右到左，而且 UI 布局也应遵循这种自然的方向，因此，测试软件的镜像特征是国际化测试的一个内容。

（10）Unicode：由于全球化的目的是编写在任何受支持的区域设置中都同样能正常运行的代码，Unicode 编码中每个字符都有唯一的表示形式，因此，国际化软件应该采用 Unicode 编码，这是国际化测试的主要内容之一。这里重点说一下 Unicode。

Unicode 是一个国际标准，采用双字节字符进行编码，提供了在世界主要语言中通用的字符，所以也称为基本多文种平面。Unicode 以明确的方式表述文本数据，简化了混合平台环境中的数据共享。目前，很多操作系统都支持 Unicode，包括 Windows 系统、Linux 系统和 Mac OS、Solaris、IBM-AIX、HP-UX 等。Unicode 简称为 UCS，现在用的是 UCS-2，即 2 个字节编码，与国际标准字符集 ISO 10646-1 相对应。UCS 的最新版本是 2005 年的 Unicode 4.1.0，而 ISO 的最新标准是 ISO 10646-3：2003。

（11）数据格式设置：从用户的角度看，是源语言或区域设置编写的应用程序在处理国际化数据时存在的问题。数据格式包括地址、货币、日期、数字、纸张大小、时间和度量单位。

示例：

① 姓名：英文中一个人的名字为 3 部分——First Name（名）、Middle Name（字）和 Last Name（姓），在软件中显示时可以省去中间部分，即 First Name＋空格＋Last Name。英文名和中文名在软件中的显示至少有两点不同：

a. 姓和名次序正好相反；

b. 英文名在名和姓之间必须有一个空格。

在雅虎日历中文版上，用户登录最后显示的只有名而没有姓，这不合乎中文的习惯。

② 日期：美国表示日期的习惯是"月/日/年"，而英国人喜欢用"日/月/年"。如 2007 年 1 月 31 日，美语中表示为"1/31/2007"，而英语中表示为"31/1/2007"。

③ 时区：我国处在东 8 区，即北京时间比格林威治早 8 个小时，而美国西海岸的时间比格林威治时间迟 8 个小时，也就是比北京时间迟 16 个小时。在北京用户使用的软件上显示 2007 年 1 月 31 日上午 9 点，则在美国用户的计算机上应显示当地时间为"5：00 pm 1/30/2007"。详见表 2-1。

表 2-1 各地时间差

国名	城市名	与北京时差
美国	旧金山	－16
墨西哥	墨西哥城	－15
巴拿马	巴拿马城	－13
波兰	华沙	－7
捷克	布拉格	－7
匈牙利	布达佩斯	－7

续 表

国名	城市名	与北京时差
罗马尼亚	布加勒斯特	−6
埃及	开罗	−6
俄罗斯	莫斯科	−5
印度	新德里	−2.30
斯里兰卡	科伦坡	−2.30
印尼	雅加达	−0.30
马来西亚	吉隆坡	−0.30
菲律宾	马尼拉	−0.30
日本	东京	1.00
澳大利亚	悉尼	2.00

（12）地址：国际化软件中常见的错误是要求访问者在标记为"State（州）"的字段中输入文本。虽然这对居住在美国的人来说是可以理解的，但却使其他地区的访问者混淆，在那里"州"不是地址的一部分。对用户输入的数据执行有效性检查时同样必须灵活。例如，不要假设邮政编码有特定的格式或长度，或者仅由数字组成。

（13）货币：货币格式设置必须考虑货币符号、货币符号位置和负号的位置。大多数货币使用与区域性或区域设置中的数字相同的小数点分隔符和千位分隔符。但是，在一些地方并不是这样，比如在瑞士，瑞士法郎的小数点分隔符是句点（Sfr.127.54），而在其他任何情况中小数点分隔符是逗号（127,54）。

（14）日期：日期格式设置在全世界不是统一的。虽然每种日期均显示日、月和年，但它们的表示顺序和分隔符有很大不同。实际上，同一国家/地区的不同区域之间也可能存在许多差异。除了日期格式设置外，可能还需要改编应用程序以在各种日历下运行。虽然普遍使用公历，但某些国际化软件可能支持其他日历，如阴历。

（15）时间：测试软件对时间的处理时，要注意时间的格式使用12小时制还是24小时制，用于分隔小时、分钟和秒的字符，时区的存储和显示。

（16）数字：处理数字值时，注意数字的千位分隔符、小数点分隔符、显示负数、数字分组、百分数，不同区域设置的数字格式不同，要测试国际化软件支持当地的区域设置的数字格式，并且能够处理这些数字。

（17）纸张大小：美国和加拿大的纸张大小（Letter、Legal等）不能满足世界市场上所有用户的需要。例如，欧洲和亚洲的大多数地区使用一种称为A4（297毫米×210毫米）的标准，而美国和加拿大的Letter纸的大小（279毫米×216毫米）。如果应用程序需要打印，则应允许配置默认纸张大小。

（18）电话号码：电话号码（连同地址一起）的格式设置在不同地理区域有很大的不同。因此，处理电话号码的输入字段和例程（系统对外接口或服务集口）应当能够处理各种格式。注意，有不同的分隔符（"-""."和空格）、分组（每组2位数、3位数、4位数、5位数和6位数）和数字位数（7～11位）。因此，应测试软件对电话号码的显示和存储方式，不要采用一种给定的格式，而应留下非常大的余地。

(19) 度量单位：全世界使用不同的单位和尺度度量事物。最常用的系统是公制（例如米、公升、克等）。而美国仍使用英制（例如英尺、英寸、磅等）。度量种类可能是长度、重量、面积、体积、温度、纸张大小、角度表示法，等等。因此，必须确保应用程序可以以不同的体系显示度量结果。另外，确保用户知道应用程序显示的是哪种度量单位的体系。

(20) 字符串连接：开发人员可能使用字符串连接来减少字符串的大小。但是，该方法将极大地限制应用程序的本地化，因此，在对国际化的代码进行审阅时，要注意测试是否有字符串连接的编码问题。

(21) 词序问题：不同语言组成句子的词的顺序通常是不相同的。例如，在德语和日语中，动词通常出现在句尾。由于本地化过程中可能改变字符串的顺序，因此本地化版本会产生缺陷，通过避免字符串连接并在资源文件中使用完整的字符串，可容易地修正此问题。

(22) 字符串增长：在大多数情况下，翻译后的字符串通常更长，例如将字符串从英语翻译成德语。因此，要测试软件在分配字符串的长度时，是否限定了字符串的长度。

(23) 字符串排序和比较：不仅各种语言的字母顺序不同，而且词典和电话簿中的条目排序惯例也完全不同，因此要测试软件对字符串的排序功能是否符合不同区域的使用惯例。

(24) 字符串和资源文件：要测试软件国际化设计时是否考虑到本地化的问题，将字符串资源从代码中分离出来，字符串资源应位于单独的文件中。

(25) 菜单和对话框：本地化应用程序时，菜单和对话框也可能增长。因此，必须设计好界面，避免在本地化后需要调整控件或其他元素的大小。

(26) 图标和位图：图标和位图在描述某些功能时通常不使用文本。当使用图标和位图时，避免使用不是国际标准的位图。例如，一个在美国表示乡村风格的邮箱的位图在其他地区的居民看来像是其他东西。欧洲人通常将这个位图理解成烟囱。还要避免使用包含文本的位图，本地化图像中的文字不仅费时间，文本增长也可能成为一个问题。确保位图和图标具有文化认同性也很重要。在一种区域性或区域设置中可以接受的内容可能不适合另一种区域性或区域设置。

(27) 热键和快捷键：不同的区域性或区域设置有自己的键盘布局，而且某些字符并非存在于所有的键盘布局上。开发应用程序时，确保所有的热键和快捷组合键在国际键盘上可用。快捷键不能由双字节字符集（DBCS）中的字符组成，要避免使用的热键字符包括"@、$、{,}、[,]、/、~、|、^"、<、>"。

(28) UI 控件：切勿将一个控件隐藏在另一个控件之后。由于语言扩展问题，在本地化应用程序时，将一个控件隐藏在另一个控件之后可能行不通。例如，用德语本地化一个英语应用程序时，一个隐藏在另一个按钮之后的按钮可能延伸到覆盖它的按钮之外。另外，注意测试和检查软件终是否将 UI 控件用作句子的一部分。如果将控件用作句子的一部分，则句子会遇到与连接字符串相同的问题。

2.5 软件国际化测试 BUG 案例

（1）Failed to open file or project，They have Unicode names，如图 2-1 所示。

图 2-1　Failed to open file with Unicode name

（2）Garbage in Button Title，如图 2-2 所示。

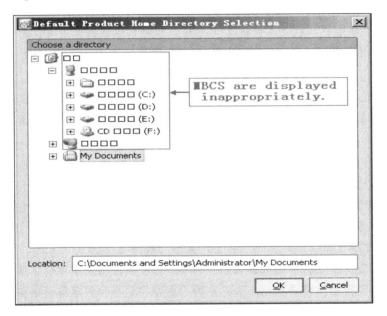

图 2-2　Garbage in Button Title

（3）MBCS Display Bug，如图 2-3 所示。

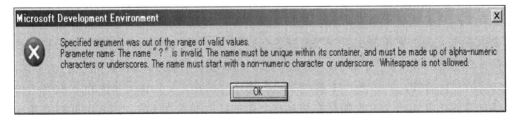

图 2-3　MBCS Display BUG

第七章　应用文综合能力的运用

（4）Function Fails in bi-di locale，如图 2-4 所示。

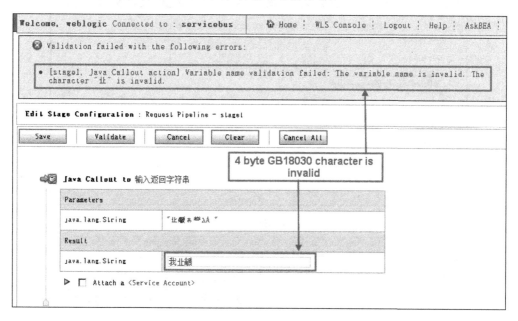

图 2-4　Function Fails

（5）Risky Character（Surrogate）Handling BUG，如图 2-5 所示。

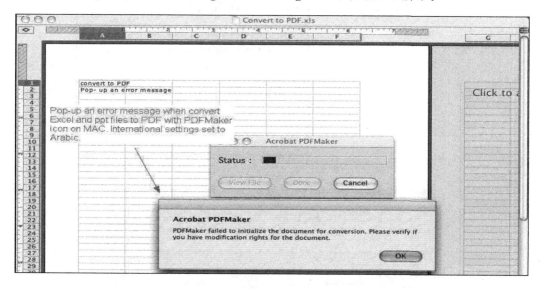

图 2-5　Risky Character Handling BUG

（6）Sorting Error，如图 2-6 所示。

例如，German "ß" and "ss"，Turkish "I" and "i"。

（7）UTF-8 Encoding Bug，如图 2-7 所示。

（8）IME BUG，如图 2-8 所示。

应用文写作

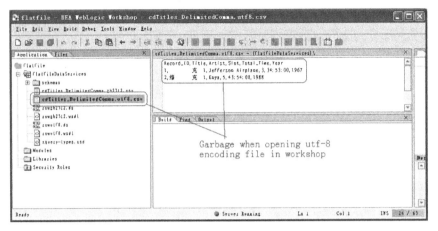

图 2-6　Sorting Error

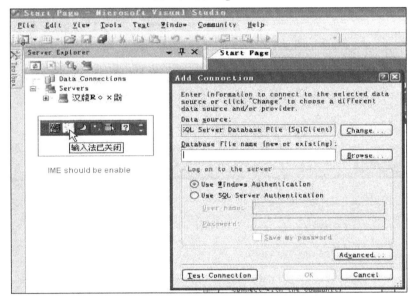

图 2-7　Sorting Error

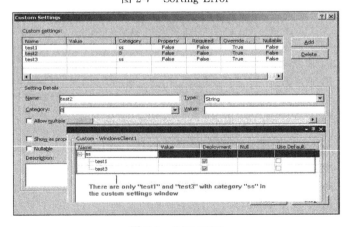

图 2-8　IME BUG

第七章 应用文综合能力的运用

(9) Copy/Paste Issue，如图 2-9 所示。

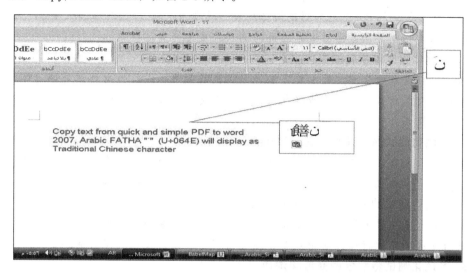

图 2-9　Copy/Paste Issue

(10) Date/Time BUG，如图 2-10 所示。

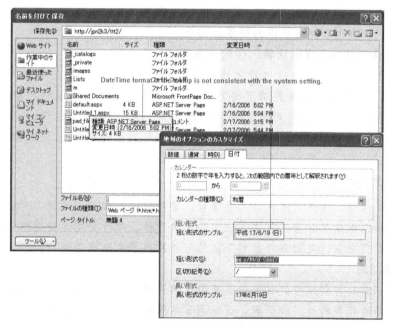

图 2-10　Date/Time BUG

第三章　软件本地化

3.1　软件本地化的测试特点

1. 本地化测试对语言的要求较高

不仅要准确理解英文（测试的全部文档，例如，测试计划、测试用例、测试管理文档、工作邮件都是英文的），还要使用本地化母语人员进行本地化测试（特别是本地化测试中的语言质量测试），例如测试简体中文的本地化产品，我们中国人完全胜任。而测试德语本地化软件，需要母语是德语的测试人员才能满足要求。

2. 本地化测试以手工测试为主

手工测试是本地化测试的主要方法，为了提高效率，满足特定测试需要，经常使用各种专门开发的测试工具。一般这些测试工具都是开发英文软件的公司开发人员或测试开发人员开发的。

3. 本地化测试通常采用外包测试进行

为了降低成本，保证测试质量，国外大的软件开发公司都把本地化的产品外包给各个不同的专业本地化服务公司，软件公司负责提供测试技术指导和测试进度管理。

4. 本地化测试的缺陷具有规律性特征

本地化缺陷主要包括语言质量缺陷、用户界面布局缺陷、本地化功能缺陷等，这些缺陷具有比较明显的特征，采用规范的测试流程，可以发现绝大多数缺陷。

5. 本地化测试特别强调交流和沟通

由于实行外包测试，本地化测试公司要经常与位于国外的软件开发公司进行有效交流，以便使测试按照计划和质量完成。有些项目需要每天与客户交流，发送进度报告。更多是每周报告进度，进行电话会议、电子邮件等交流。此外，本地化测试公司内部的测试团队成员也经常交流彼此的进度和问题。

6. 本地化测试属于发展比较迅速的专业测试

由于中国属于较大的软件消费市场，国外大的软件公司为了在中国获得更多的软件销售利润，越来越多的软件都要进行中文本地化。另外，中国成为新兴的软件外包服务提供国，国外公司逐渐把软件外包测试放在中国进行。这样，本地化测试就不断发展起来，目前中国很多大型本地化服务公司的本地化测试业务都呈现稳定增长的态势。

3.2　软件本地化的基本要求

制定测试规范，加强对测试活动的管理，要把测试作为一个系统，对组成这个系统的各个过程加以识别和管理，以实现设定的系统目标。同时要使这些过程协同作用，互相促进，从而实现在设定的条件限制下，尽可能发现和排除软件缺陷。

1. 测试规划

确定测试的目标和策略。这个过程将输出测试计划，明确要完成的测试活动，评估完成测试活动所需要的时间和资源，设计测试组织和岗位职责，进行活动安排和资源分配，安排跟踪和控制测试过程的活动。

软件本地化测试的测试计划，通常由软件供应商根据源语言软件项目开发计划制定并提供给软件本地化提供商，测试计划包括各个测试阶段起始和结束时间、资源需求、测试内容等。软件本地化提供商根据得到的测试规划进行评阅和项目准备，并就测试计划中的具体问题与软件供应商协商和讨论，达成共识。

2. 测试设计

根据测试计划设计测试方案。测试设计过程输出的是各测试阶段的测试用例，其结果可以作为各阶段的测试计划的附件提交评审。测试设计的另一项内容是回归测试设计，即确定回归测试的用例集。

软件本地化的测试设计，一般由软件供应商完成，软件供应商也可以提供软件测试文档，委托软件本地化提供商完成测试设计。软件本地化提供商完成的测试设计，要经过软件供应商的确认才能用于实际测试过程。

3. 测试实施

使用测试用例运行被测试程序，将获得的运行结果与期望结果进行比较和分析，记录、跟踪和管理软件错误和缺陷，最后得到测试报告。

本地化测试由本地化提供商的测试项目组成员完成，需要与软件供应商有效协作，获得最新的测试用例和测试软件，提交测试结果（软件错误数据库和测试报告等）。

4. 配置管理

测试配置管理是软件配置管理的子集，作用于测试的各个阶段。管理对象包括测试计划、测试方案（用例）、测试版本、测试工具、测试环境、测试结果等。测试资源管理包括对人力资源和工作场所，以及相关测试设备和技术支持的管理。

大型软件本地化测试项目，一般需要测试多个本地化版本，因此，测试周期较长。测试的内容多，需要较多的测试人员共同完成。测试过程需要在多个本地化操作系统上，运用多种测试工具和测试方法。软件测试过程会报告数百个甚至上千个错误和缺陷，对软件错误数据库管理有较高要求。因此，测试配置管理在软件测试中具有重要作用。

5. 测试管理

本地化测试需要掌握被测软件的功能特征和专业的本地语言知识，熟悉测试工具和测试技术。因此，本地化测试是一项艰苦的、繁复的工作，难度大，工作量大，测试要求的时间短，在测试过程中可能经常变更测试内容，因此，本地化测试管理变得十分重要，本地化测试管理是高质量、高效率地完成本地化测试工作的重要保证。

本地化测试管理包括软件测试的组织管理、测试质量管理、测试进度和资源管理、测试文档管理、测试数据的统计和积累。测试管理应由测试工作的各级负责人和机构管理部门共同担任，各尽其职。

3.3 软件本地化的测试要点

软件在全部翻译完毕，对技术部分也做了必要的调整之后，还有一个软件测试的问题，即不论原来的软件产品有多成熟，本地化时经过了很多人的重新创造，所以除了产品本来存在的问题之外，还有可能产生一些意想不到的新问题，所以进行本地化测试也是本地化非常重要的一个环节。

软件本地化测试则检查为适应某一特定文化或地区而进行本地化的产品的质量。这个测试是基于国际化测试的结果进行的，本地化测试包括以下6个方面：

1. 功能性测试

（1）在本地环境上进行安装、升级等测试。

（2）为索引和排序功能进行的测试。

（3）集成测试。多字节文字构成的接口参数传递出错，可能会导致集成失效，包括函数之间、模块之间、客户端和服务器之间、服务器之间等不用层次和类型的集成，数据库的默认值、初始化等。

（4）有些地区支持夏令时（Daylight Save Time，DST），需与时区选择和时间显示的功能进行联合测试。受多字节文字影响的其他功能。

2. 数据格式测试

数据格式是本地化测试的重点，可能遍布软件系统的各个地方，要仔细检查各类数据格式的输入、存储和输出是否正确，包括数字、货币、时间、日期、度量衡等。

3. 可用性测试

（1）界面是否美观，是否符合本地用户的审美观和对颜色的喜好。

（2）界面信息的一致性。

（3）操作是否符合本地习惯，包括快捷键的设置、命令键的顺序等。

（4）受本地化文字影响的其他用户界面，如文字超出按钮（软件界面上的按钮）和菜单的边界、乱码等。

4. 翻译验证测试

翻译验证测试（Translation Verification Testing，TVT）虽然不能等同于本地化测试，但在本地化测试的工作量中占有较大的比重。包括：

（1）检查所有专业术语的建立、翻译和存储。

（2）确保所有菜单、按钮、提示、说明、图片等各类文字信息被翻译了。

（3）确保翻译内容的正确性、准确性和语言完整性。如"OK"在日文里，不需要翻译。

（4）特殊的语言和文化环境检查。

（5）政治敏感内容的检查。

（6）宗教内容的检查。

5. 兼容性测试

兼容性测试包括硬件和软件的兼容，可适应本地的一些特殊应用环境要求，所以兼容性测试也被称为本土测试（In-country testing），它能使软件产品或系统真正适应本土的环境，例如：

（1）兼容第三方本地化软件。

（2）兼容本地流行的硬件，如键盘、打印机、扫描仪等。

6. 文档测试

检查各类文档翻译的质量、完整性，以及在所有的文档和应用程序界面中术语使用的一致性。要检查的文档包括产品发布信息（Release Note，Readme）、用户手册、技术参考手册、在线帮助、错误信息列表等。

3.4 软件本地化的质量要求

提到本地化，大家首先想到的就是翻译问题。毋庸置疑，翻译在本地化工作中占据着很重要的地位，但绝不能把翻译等同于本地化，翻译和本地化有很大的不同。翻译只是本地化工作的一部分，翻译只是将所提取的各种源语言文字信息转换为另一种目标语言的文字信息。当文字被翻译后，不仅要完成各种目标语言文字的替换或写入，构成新的资源库、资源文件等，而且需要进行有关本地化的技术和文化层面的修改，使软件产品在内容、外观、设置等多方面适应目标地区的需求。

1. 技术层面的更改

调整软件元素尺寸大小，因为翻译常会引起输入框、文本框、表格不再适应的问题。

重新创建图标、图形和图片，图中显示的文字也需要改为目标语言。

根据特定语言的习惯调整默认设置，可以竖向显示日文，或者从右向左显示阿拉伯文字。

调整热键，其他不适合的功能也要重新设置。

2. 文化层面的更改

包装：由于民族风俗不同，有些国家对某些颜色和数字比较敏感，需要区别对待。如我国和日本都忌讳数字"4"。

图标：由于文化背景有区别，所以应该慎用动物图案。

宣传：应该选择适合本地文化的宣传方式。

样品：提供的免费样品要能够引起目标客户的足够兴趣。

政治敏感的术语：如地方规章和宗教信仰等需区别对待。

3. 本地化工作步骤

虽然在具体操作时本地化的工作步骤可能会有不同，但软件本地化的基本步骤没有本质区别。

（1）建立一个配置管理体系，跟踪目标语言各个版本的源代码。

（2）创造和维护术语表，并存储在相关的数据库中。

（3）从源语言代码中分离资源文件或提取需要本地化的文本。

（4）把分离或提取的文本、图片等翻译成目标语言。源语言、目标语言可以存储在相关的数据库中，以便实现本地化的自动化工作更容易。

（5）把翻译好的文本、图片重新插入目标语言的源代码或资源文件中。

（6）如果需要，编译目标语言的源代码，构造目标语言软件包。

（7）定制软件的界面，包括改变颜色、默认值、列表排序等。

（8）测试翻译后的软件，调整 UI 以适应翻译后的文本。

（9）测试本地化后的软件，确保格式和内容都正确。

知识点：

国家与颜色

我国喜欢红色、黄色，而美国人不喜欢鲜艳的红色，如美国的安全最高警戒级的颜色是红色，股票上涨是绿色，下跌是红色，正好和我国相反。日本人认为黄色是不吉利的，而视紫色为富贵。我国以红色为喜庆的颜色，传统的结婚礼服是红色的，而英美等国家则是白色的礼服，如表 3-1 所示。

表 3-1　国家与颜色

地区	国家	爱好的颜色	禁忌的颜色
亚洲	中国	红、黄、绿	黑、白
中东	沙特阿拉伯	绿、深蓝与红白相同	粉红、紫、黄
非洲	埃及	红、橙、绿、青绿、浅蓝	暗淡色、紫色
欧洲	挪威	红、蓝、绿、鲜明色	
南美洲	阿根廷	黄、绿、红	黑紫、紫褐相间

各地区颜色喜好与忌讳

国家与数字：日本人、中国人比较忌讳数字"4"，若是四个（单件）一组包装的产品在日本就不容易卖出去。西方人比较忌讳"13"，大酒店没有第 13 层，从第 12 层就直接跳到第 14 层。

地区宗教：几乎每个国家都有自己信仰的宗教，如佛教、道教、伊斯兰教、基督教、天主教、犹太教、东正教、印度教、锡克教、拜火教、波斯明教等。

3.5　软件国际化测试 BUG 案例

（1）Dup Hotkey，如图 3-1 所示。

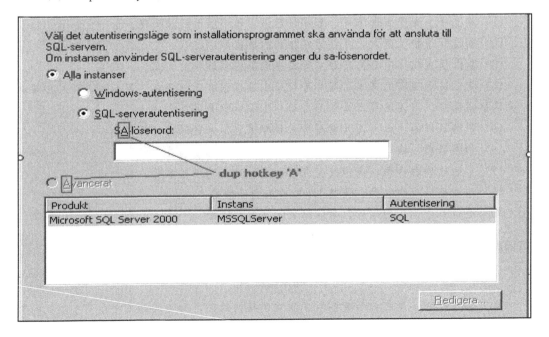

图 3-1　Dup Hotkey

(2) Un-localized Text,如图 3-2 所示。

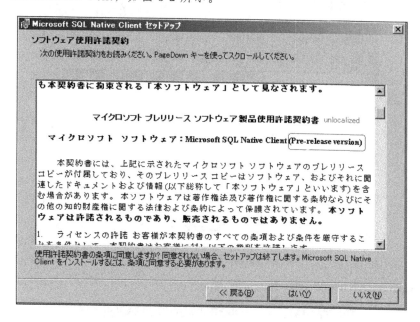

图 3-2　Un-localized Text

(3) Cosmetic Punctuation,如图 3-3 所示。

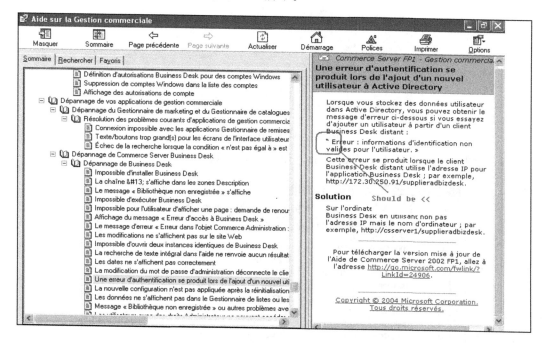

图 3-3　Cosmetic Punctuation

(4) Cosmetic Space improper,如图 3-4 所示。

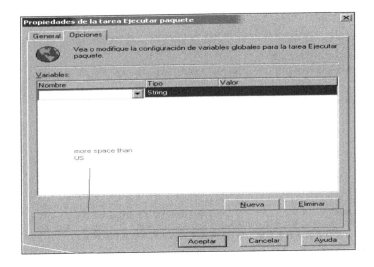

图 3-4　Cosmetic Space improper

（5）Cosmetic Kinsoku，如图 3-5 所示。

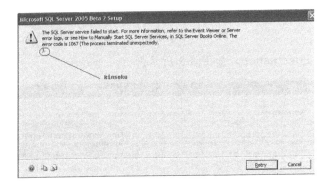

图 3-5　Cosmetic Kinsoku

（6）Clipping BUG（top/bottom），如图 3-6 所示。

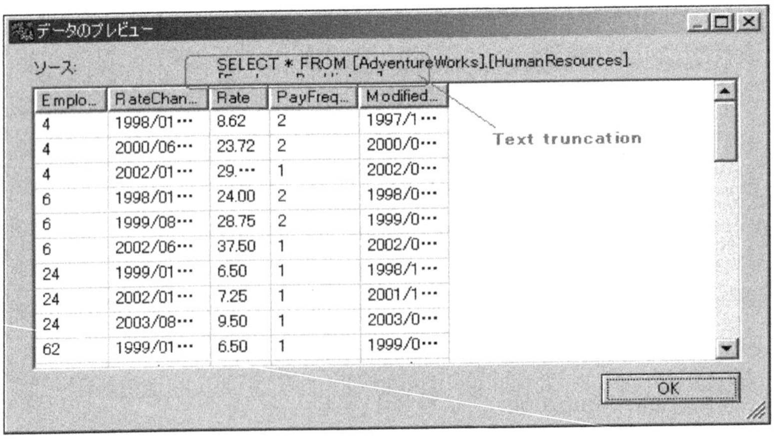

图 3-6　Clipping BUG

第七章　应用文综合能力的运用

(7) Font UI BUG，如图 3-7 所示。

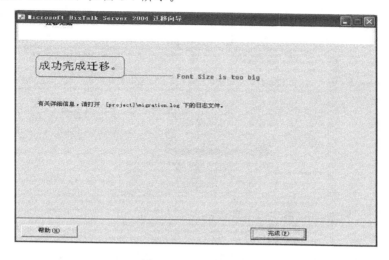

图 3-7　Font UI BUG

(8) Layout misalign BUG，如图 3-8 所示。

图 3-8　Layout misalign BUG

(9) No Link BUG，如图 3-9 所示。

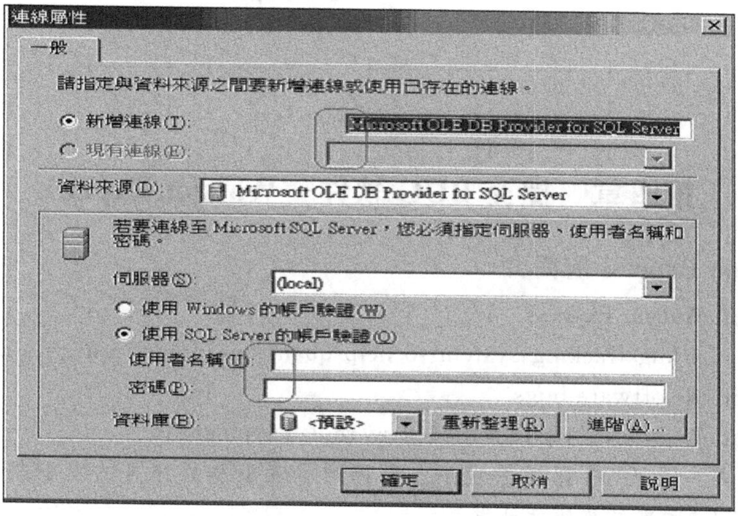

图 3-9　No Link BUG

(10) Missing Text, 如图 3-10 所示。

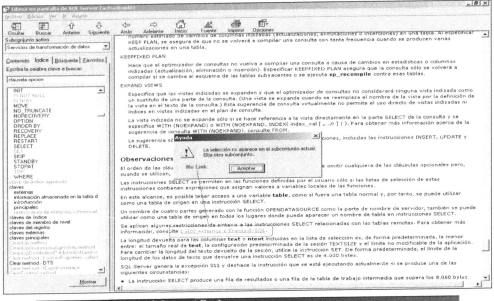

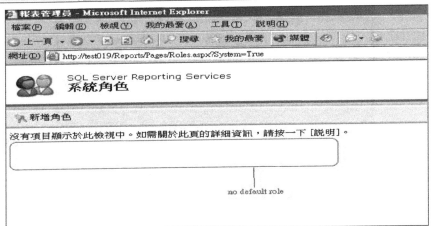

图 3-10　Missing Text

第四章　提交 BUG 软件——Watson Express

4.1　Watson Express 的简介

1. 什么是 Watson Express

Watson is a bug tracking system to help quality assurance and programmers keep track of reported software bugs.

It is a Adobe internal system for software development.

Watson 是一个 BUG 跟踪系统用来帮助质量保证和程序员的跟踪软件缺陷报告。这是一个 Adobe 内部系统软件开发。

第七章　应用文综合能力的运用

Watson URL：http：//watsonexp.corp.adobe.com

Login（VPN connection should be active）

4.2　Watson Express 的使用

1. Home Page

分配给本人的 BUG 会在主页显示，保存的搜索词目也会在主页显示。如图 4-1、图 4-2 所示。

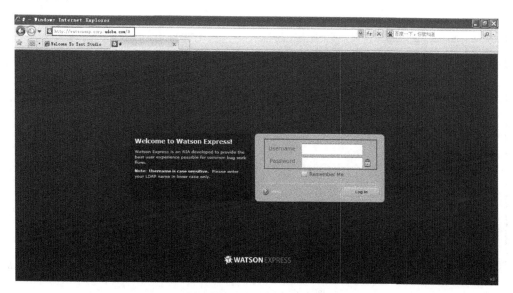

图 4-1　Home Page

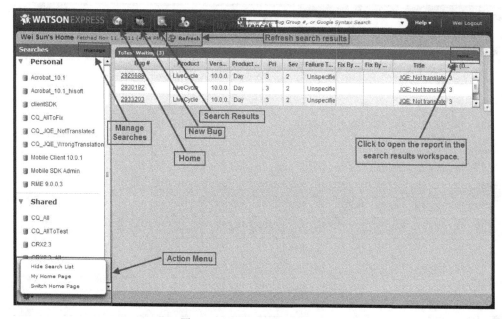

图 4-2　Menus on Home page

143

应用文写作

2. Creating a new BUG

Creating a new BUG，如图 4-3、图 4-4、图 4-5、图 4-6、图 4-7 所示。

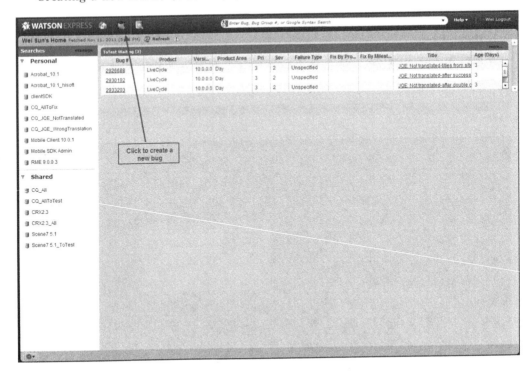

图 4-3　Creating a new bug

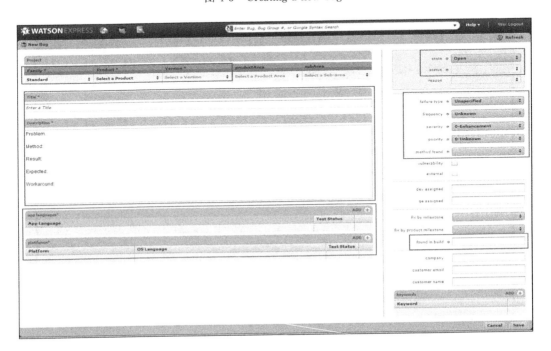

图 4-4　Required fields

第七章 应用文综合能力的运用

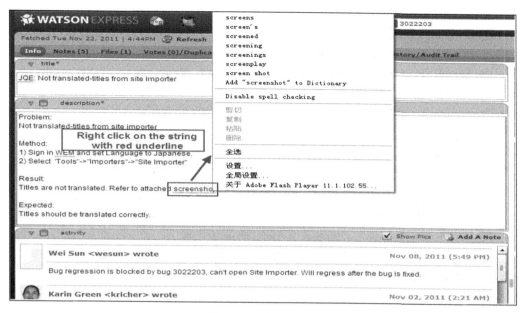

图 4-5　Spell checking

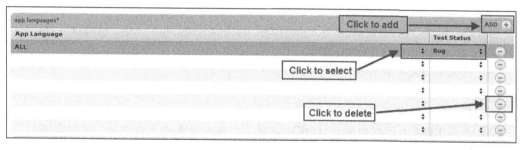

图 4-6　Add/Delete an item

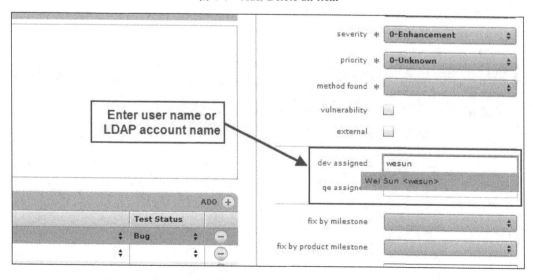

图 4-7　Select a user

注：(1) Tips to New a BUG

① Simple and clear title.

② Be objective when describing a problem.

③ Attach screenshots as an evidence of a problem. You must save the bug before.

④ upload bug files.

⑤ Avoid uploading full screenshots, only capture the area that bug reproduced on.

⑥ Highlight issues on the screenshots.

① 简单而清晰的标题。

② 客观地描述一个问题。

③ 要附上截图作为这个问题的证据，必须在这个 BUG 解决前上传截图。

④ 上传有 BUG 的文件。

⑤ 避免上传完整的截图，只截取有 BUG 部分的区域。

⑥ 截图要突出问题（一般是用红色圈圈出问题所在）。

(2) Check list before saving the BUG

① No spelling or grammar error.

② Upload correctly screenshots.

③ Modify the QE assign to yourself.

④ All fields are selected as it's described on bug Guideline. (dev assigned, product, version, product area, keyword, etc.)

① 没有拼写或语法错误。

② 上传正确的截图。

③ 修改 QE 分配给自己。

④ 选择 BUG 上所有的字段（DEV 分配、产品、版本的产品领域、关键词等）。

3. Editing a BUG

打开 BUG 的两种方法如图 4-8 所示。

(1) 在主页或者搜索结果里单击 BUG ID 或者 BUG 标题。

(2) 用下面的快速检索，可以搜索到一个 BUG。

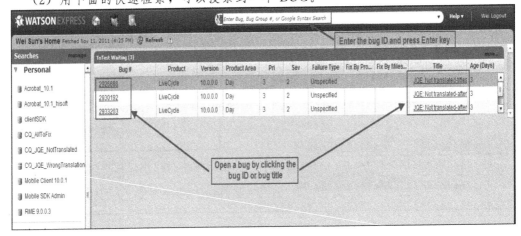

图 4-8　Editing a BUG

第七章 应用文综合能力的运用

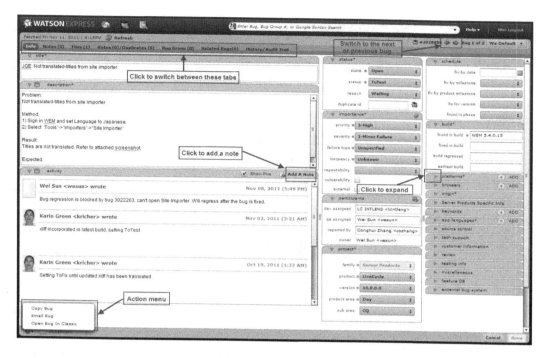

图 4-9 Edit BUG Info

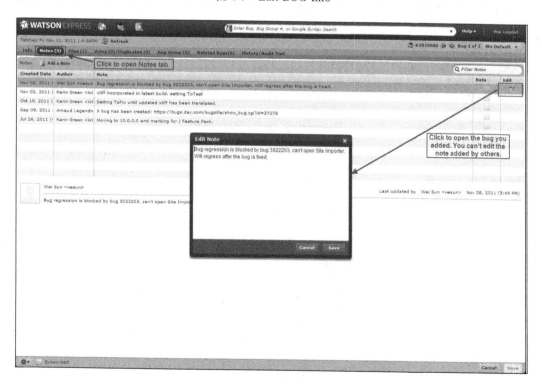

图 4-10 Edit Notes

应用文写作

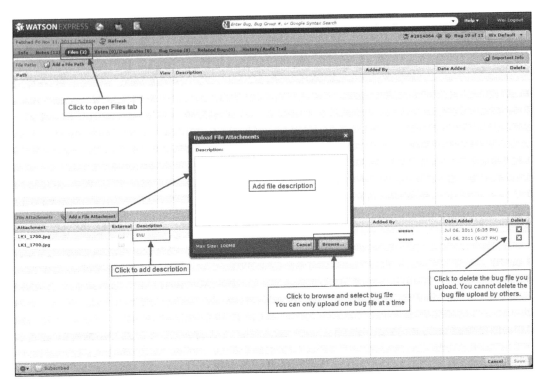

图 4-11 Upload BUG file

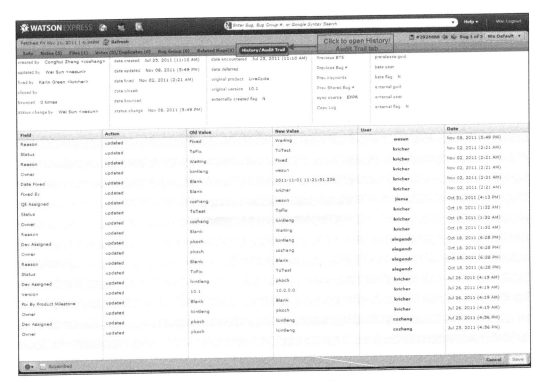

图 4-12 History/Audit Tra

4. Search for a BUG

在 Watson Express 里有两种方式创建一个 BUG 搜索。

(1) 用快捷搜索模块或者 Google 搜索。

(2) 带有标准搜索的多个搜索规则将运行,并且可能被修改多次。

如图 4-13 所示,Please see Help Google search example and Google search tags and values in help。

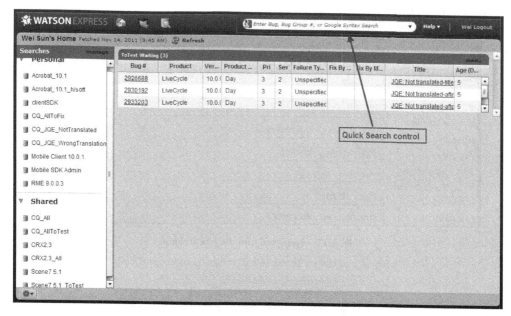

图 4-13　Quick Search control

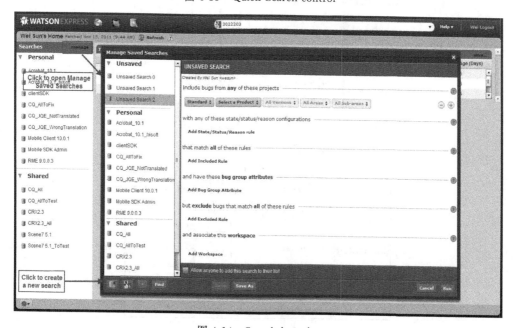

图 4-14　Search by rules

应用文写作

Keywords for Bug Searching
Product
Version
Title：HS：
State：Open/Close
Status：ToFi×/ToTest/ToDefer/…
如图 4-15 所示。

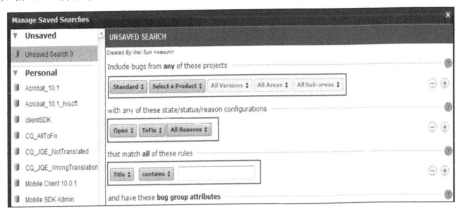

图 4-15　Keywords for Bug Searching

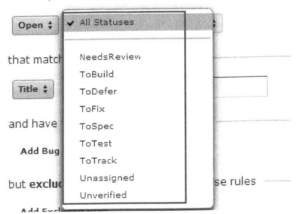

图 4-16　Open

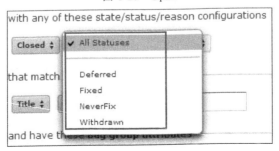

图 4-17　Close

后　　记

　　经过一个月的总结和整理，本地化国际化测试的理论知识基本整理完毕。这次的毕业设计是笔者在实习的时候的大总结。从刚到公司的懵懵懂懂，到现在也能独当一面地工作，在这个过程中不仅学到了一些专业知识，同时也强化了英语交流，也慢慢地开始融入这个社会。最主要的，让笔者从零基础开始学习了最新的软件测试技术。

　　回顾不远的历史，在软件本地化的市场竞争中，我们被爱尔兰远远地甩在后面。在软件外包编码设计上，印度已经成为世界公认的第一大国。那么，在这场软件外包测试的竞争中，我们又能排在什么位置？无可否认，软件测试将成为具有广阔发展力的软件行业。

　　我们正处于全球化不断深入的时代，正如前联合国秘书长安南指出的那样，"全球化是一种不可逆转的进程，而非一个选择"。Autodesk全球副总裁高群耀认为全球化经历了国家全球化1.0和企业全球化2.0之后，已经快速跨入个人全球化3.0时代。

　　软件工程作为20世纪中期发展起来的新兴行业，不可避免地被卷入经济全球化大潮中，而且凭借其自身特点和行业特性已经成为经济全球化发展最为迅速的领先行业。软件测试作为全球软件工程不可或缺的重要组成部分，已经成长为一个独立的专业，其重要性也早已被充分重视。

　　我们列举一个例子说明：美国微软，该公司的开发人员和测试人员的比例是1∶1，也就是说每个开发人员会配备一名测试人员，而且这名测试人员都是具有和开发人员一样的开发能力的，可以进行大规模自动化测试。微软重视测试的原因也很简单，因为在宽带普及以前，很多更新都是靠邮寄光盘完成的，更新的成本非常高，一定要在出厂前严把质量关。对于一个纯软件公司是如此，那么我们的一些有硬件产品的公司，如果产品是因为软件上面出现了重大缺陷，大规模硬件召回的成本是不是会更高呢？目前在国内，很多的企业也认识到了测试的重要性，可是只是停留在认识阶段，只是做做简单的黑盒测试、功能性测试等。有的负责人也许会谈到，我们的产品是基于互联网产品，软件大部分都是在服务器端，更新的成本大幅降低。那么我们就更应该做好产品，让广大的客户端用户对产品有更好的用户体验，给网友们更好的服务，而不是一味地借助于网络更新，在使用中发现错误后去弥补。

参 考 文 献

[1] Lingo Systems Inc. The Guide to Translation and Localization：Preparing for the Global Marketplace [M]. 2011 (8).

[2] Donald A. DePalma. Business Without Borders：A Strategic Guide to Global Marketing [M]. 2012 (3).

[3] 崔启亮，胡一鸣. 国际化软件测试 [M]. 2012 (7).

[4] 徐雄飞. 软件本地化的测试研究 [J]. 信息通信，2012，03：22-24.

[5] 朱少民. 软件测试方法和技术：软件工程 [M]. 2005（7）.
[6] Bert Esselink. A Practical Guide to Localization [M]. 2009.
[7] 王华伟，崔启亮. 软件本地化 [M]. 2006（4）.
[8] Dr. International. 国际化软件开发 [M]. 2011.
[9] Yves Savourel. XML Internationalization and Localization [M]. 2007（12）.

第二节　学术论文

一、定　义

学术论文是某一学术课题在实验性、理论性或预测性上具有的新的科学研究成果或创新见解和知识的科学记录，或是某种已知原理应用于实际上取得新进展的科学总结，用以提供学术会议上宣读、交流、讨论或学术刊物上发表，或用作其他用途的书面文件。按写作目的，可将学术论文分为交流性论文和考核性论文。

二、特　点

（一）科学性

学术论文的科学性，要求作者在立论上不得带有个人好恶的偏见，不得主观臆造，必须切实地从客观实际出发，从中引出符合实际的结论。在论据上，应尽可能多地占有资料，以最充分的、确凿有力的论据作为立论的依据。在论证时，必须经过周密的思考，进行严谨的论证。

（二）创造性

科学研究是对新知识的探求。创造性是科学研究的生命。学术论文的创造性在于作者要有自己独到的见解，能提出新的观点、新的理论。这是因为科学的本性就是"革命的和非正统的""科学方法主要是发现新现象、制定新理论的一种手段，旧的科学理论就必然会不断地为新理论推翻（斯蒂芬·梅森）"。因此，没有创造性，学术论文就没有科学价值。

（三）理论性

学术论文在形式上是属于议论文的，但它与一般议论文不同，它必须是有自己的理论系统的，不能只是材料的罗列，应对大量的事实、材料进行分析、研究，使感性认识上升到理性认识。一般来说，学术论文具有论证色彩，或具有论辩色彩。论文的内容必须符合历史唯物主义和唯物辩证法，符合"实事求是""有的放矢""既分析又综合"的科学研究方法。

（四）平易性

平易性指的是要用通俗易懂的语言表述科学道理，不仅要做到文从字顺，而且要准确、鲜明、和谐、力求生动。

（五）专业性

专业性是区别不同类型论文的主要标志，也是论文分类的主要依据。

（六）实践性

实践性是论文价值的具体体现。它还表现在内容上，旨在根据一定的岗位职责与目标要求培养能力。

三、写作方法

（一）选题

选题在学术论文写作中具有头等重要的意义。这是因为，只有研究有意义的课题，才能获得好的效果，对科学事业和现实生活有益处；而一项毫无意义的研究，即使研究得再好，论文写作得再美，也是没有科学价值的。钱学森教授认为："研究课题要紧密结合国家的需要……在研究方法上要防止钻牛角尖，搞烦琐哲学。目前在社会科学中，有的人就古人的一句话大做文章，反复考证，写一大篇论文，我看没有什么意思。"因此，我们要选择有科学价值的课题进行研究和写作。那么，应该根据哪些原则来选题呢？

1. 具有科学性

这个方面的原则包括亟待解决的课题；科学上的新发现，新创造；学科上短缺或空白的填补；通行说法的纠正；前人理论的补充；等等。

2. 有利于展开

这个方面的原则指的是要有浓厚的兴趣；能发挥业务专长；先易后难，大小适中；已占有一定的资料；能得到导师指导；在一定时间内能完成；对题目加以限定。

（二）注意事项

（1）摘要中应排除本学科领域已成为常识的内容；切忌把应在引言中出现的内容写入摘要；一般也不要对论文内容作诠释和评论（尤其是自我评价）。

（2）不得简单重复题名中已有的信息。比如一篇文章的题名是《几种中国兰种子试管培养根状茎发生的研究》，摘要的开头就不要再写："为了……对几种中国兰种子试管培养根状茎的发生进行了研究"。

（3）结构严谨，表达简明，语义确切。摘要先写什么，后写什么，要按逻辑顺序来安排。句子之间要上下连贯，互相呼应。摘要慎用长句，句型应力求简单。每句话要表意明白，无空泛、笼统、含混之词，但摘要毕竟是一篇完整的短文，电报式的写法亦不足取。摘要不分段。

(4) 用第三人称。建议采用"对……进行了研究""报告了……现状""进行了……调查"等记述方法标明一次文献的性质和文献主题，不必使用"本文""作者"等作为主语。

(5) 要使用规范化的名词术语，不用非公知公用的符号和术语。新术语或尚无合适汉文术语的，可用原文或译出后加括号注明原文。

(6) 除了实在无法变通以外，一般不用数学公式和化学结构式，不出现插图、表格。

(7) 不用引文，除非该文献证实或否定了他人已出版的著作。

(8) 缩略语、略称、代号，除了相邻专业的读者也能清楚理解的以外，在首次出现时必须加以说明。

科技论文写作时应注意的其他事项，如采用法定计量单位，正确使用语言文字和标点符号等，也同样适用于摘要的编写。摘要编写中的主要问题有：要素不全，或缺目的，或缺方法；出现引文，无独立性与自明性；繁简失当。

(三) 格式

1. 准确得体

要求论文题目能准确表达论文内容，恰当反映所研究的范围和深度。

常见毛病是：过于笼统，题不扣文。如"金属疲劳强度的研究"过于笼统，若改为针对研究的具体对象来命题，效果会好得多，例如，"含镍铭牌的合金材料疲劳强度的研究"，这样的题名就要贴切得多。再如"35Ni-15Cr 型铁基高温合金中铝和钛含量对高温长期性能和组织稳定性能的影响的研究"，这样的论文题目，既长又不准确，题名中的 35Ni-15Cr 是何含义，令人费解，是百分含量？还是重量比，体积比，金属牌号？或是其他什么，请教不得而知，这就是题目含混不清，解决的办法就是要站在读者的角度，清晰地点示出论文研究的内容。假如上面的题目中，指的是百分含量，可放在内文中说明，不必写在标题中，标题中只需反映含 Ni 和 Cr 这一事实即可。可参考的修改方案为"Ni、Cr 合金中 Al 和 Ti 含量对高温性能和组织稳定性的影响"。

关键问题在于题目要紧扣论文内容，或论文内容与论文题目要互相匹配、紧扣，即题要扣文，文也要扣题。这是撰写论文的基本准则。

2. 简短精练

力求题目的字数要少，用词需要精选。至于多少字算是合乎要求，并无统一的"硬性"规定，一般希望一篇论文题目不要超出 20 个字，不过，不能由于一味追求字数少而影响题目对内容的恰当反映，在遇到两者确有矛盾时，宁可多用几个字也要力求表达明确。

常见的烦琐题名如"关于钢水中所含化学成分的快速分析方法的研究"。在这类题目中，像"关于""研究"等词汇如若舍之，并不影响表达。既然是论文，总包含有研究及关于什么方面的研究，所以，上述题目便可精练为"钢水化学成分的快速分析法"。这样一改，字数便从原 21 个字减少为 12 个字，读起来觉得干净利落、简短明了。

若简短题名不足以显示论文内容或反映出属于系列研究的性质，则可利用正、副标题的方法解决，以加副标题来补充说明特定的实验材料、方法及内容等信息，使标题成为既充实准确又不流于笼统和一般化。如"有源位错群的动力学特性（主标题）——用电子计算机模拟有源位错群的滑移特性（副标题）"。

3. 外延和内涵要恰如其分

"外延"和"内涵"属于形式逻辑中的概念。所谓外延，是指一个概念所反映的每一个对象；而所谓内涵，则是指对每一个概念对象特有属性的反映。

命题时，若不考虑逻辑上有关外延和内涵的恰当运用，则有可能出现谬误，至少是不当。如"对农村合理的人、畜、机动力组合的设计"这一标题即存在逻辑上的错误。题名中的"人"，其外延可能是青壮年，也可以是指婴儿、幼儿或老人，因为后者也称为"人"，然而却不是具有劳动能力的人，显然不属于命题所指，所以泛用"人"，其外延不当。同理"畜"可以指牛，但也可以指羊和猪，试问，哪里见到过用羊和猪来犁田拉磨的呢？所以也属于外延不当的错误。其中，由于使用"劳力"与"畜力"，就不会分别误解成那些不具有劳动能力和不能使役的对象。

4. 醒目

论文题目虽然居于首先映入读者眼帘的醒目位置，但仍然存在题目是否醒目的问题，因为题目所用字句及其所表现的内容是否醒目，其产生的效果是相距甚远的。

有人对 36 种公开发行的医学科技期刊 1987 年发表的论文的部分标题作过统计分析，从中筛选 100 条有错误的标题。在 100 条有错误的标题中，属于"省略不当"错误的占 20%（如"冠状动脉疾病运动后异常血压反应的决定因素"的标题，将"冠状动脉疾病患者"省略为"冠状动脉疾病"；"世界各国肝病的进展"的标题，将"肝病治疗"省略为"肝病"）；属于"介词使用不当"错误的占 12%（如"内镜荧光检测对诊断消化道癌的评价"的标题，本意是作者运用这种方法去诊断消化道癌并做出评价，而实际上"内镜荧光检测"成了主语，当然不妥当）。

在使用介词时产生的错误主要有如下几种：

① 省略主语——第一人称代词不达意后，没有使用介词结构，使辅助成分误为主语；

② 需要使用介词时又没有使用；

③ 不需要使用介词结构时使用。

"主语的错误"的占 11%（如"新冠片"对冠心病的临床及实验研究）；属于"并列关系使用不当"错误的占 9%（如"老年患者的膀胱镜检查与并发症"）；属于"用词不当""句子混乱"错误的各占 9%，其他类型的错误，如标题冗长、文题不符、重复、歧义等也时有发生。

中华人民共和国国家标准 GB 7714-87 "文后参考文献著录规则"，还分别对文后参考文献的著录项目与著录格式做出了如下规定：

（1）专著。

① 著录项目：主要责任者，书名，版本，出版项（出版地：出版者，出版年）。

② 著录格式：主要责任者，书名，其他责任者，版本，出版地：出版者，出版年，（文献数量，丛编项，附注项，文献标准编号，以上供选择）。

(2) 连续出版物。

① 著录项目：题名，主要责任者，版本，出版项（出版地：出版者，出版年）。

② 著录格式：题名，主要责任者，版本，年，月，卷（期），出版地：出版者，出版年（丛编项，附注项，文献标准编号，供选择）

(3) 专利文献。

(4) 报告。

(5) 学位论述。

(6) 连续出版物中析出的文献。

(7) 专著中析出的文献。

（四）结构

学术论文的结构如下：

(1) 封面一。

(2) 学术论文（设计）开题报告。

(3) 学术论文（设计）过程检查情况记录表

请保存平时与老师交流的所有 E-mail 记录，以便填写该表中的四次（至少）"学生总结""指导教师意见"。

记住："指导教师意见"，也请学生自己按老师回复的 E-mail 内容和对论文提纲、论文正文的"批注"填写好。

(4) 学术论文（设计）答辩情况。

(5) 目录（单独一页）。

目录，取正文中的一级、二级标题即可，不要写出三级、四级标题。列出的标题之后，要带上页码。

(6) 论文标题（主标题）。

(7) 中文的论文摘要（中文 300～500 字）和关键词（3～5 个）；英文的论文摘要和关键词。上述两项，应单独列一页，一页不够的，另加一页。

(8) 正文（一般不少于 5 000 字）。正文要有页码，页码居中。

(9) 注释，如果有注释，最好用"尾注"的形式（但正规的论文是用"脚注"）；参考文献不要再作为注释。

(10) 参考书目或参考文献。

(11) 致谢（要常怀感恩之心）。

(12) 封底。

(13) 关于注释和参考资料的说明。

(14) 注释。

第七章 应用文综合能力的运用

案例：

商务礼仪课程在高职院校学生教育管理中的重要性

摘要：高职院校学生的教育管理问题一直是高职院校教育管理者潜心研究的重要问题，教育管理的好坏直接影响学生的学习效果以及未来的职业生涯。本文从商务礼仪课程入手，探讨了商务礼仪在人际交往中的重要意义，高职院校学生商务礼仪方面存在问题，以及商务礼仪课程在高职院校学生教育管理中的重要性。

关键词：商务礼仪课程；高职院校；教育管理；重要性

礼仪，是中华传统美德宝库中的一颗璀璨明珠，是中国古代文化的精髓。身居礼仪之邦，应为礼仪之民。岁月已经证明，礼节既有迷惑力，又合乎实际，也不会引起任何反感。现代社会文明程度的提高，自然促进了人的素质的提高，高素质的人对礼仪文化也就更重视。

随着时代的进步，社会对大学生的要求不仅是完成学校里老师所传授的书本的知识，而是越来越注重大学生的综合素质，而高职院校的学生，对综合素质的要求更是显得尤为重要。因此，学生若想在步入社会之初就给众人留下一个好的印象，就必须要完善自身的综合素质，其中商务礼仪就是非常重要的一项。

"知书达礼，待人以礼"应当是高职院校学生的一项基本素养。然而，在大学校园里仍有许多不知礼、不守礼、不文明的行为，还有许多与大学生的礼仪修养、与精神文明建设极不和谐的现象。可见，对大学生进行商务礼仪教育具有跨时代、跨世纪的特殊意义。因为，商务礼仪教育不仅是素质教育的必需，而且也是社会文明进步的强烈要求。

一、商务礼仪在人际交往中的重要意义

商务礼仪是在人际交往中，以一定的、约定俗成的处事方式、交往原则来表现的律己敬人、待人接物的过程，涉及衣着、交往、沟通、情商等内容。从个人修养的角度来看，礼仪可以说是一个人内在修养和素质的外在表现。礼仪课程讲究的是"外在修身、内在修心"，从人际交往的角度来看，礼仪可以说是比较通用的一种艺术、一种交际方式或交际方法，是人际交往中约定俗成的示人以尊重、友好的习惯做法。从传播的角度来看，礼仪可以说是在人际交往中进行相互沟通的技巧。高职院校的学生如若在进入到社会之前，掌握并了解一些商务礼仪知识，对他们今后的学习和工作将起到促进和推动作用。

生活里最重要的是有礼貌，它比智慧和学识都重要。商务礼仪的作用，一言以蔽之，就是内强素质，外塑形象。

（1）提高商务人员的个人素质。市场竞争最终是以人员素质的竞争作为标准的。对商务人员来说，商务人员的素质就是商务人员个人的教养和个人的表现。教养体现于细节，细节展示素质。所谓个人素质，就是在商务交往中待人接物的基本表现。

（2）有助于建立良好的人际沟通。交往中不懂礼貌、不懂规矩有时会把事情搞砸。在人际交往当中，人们越来越重视礼貌问题，懂礼貌、有教养是促进人际交往、联络感情、合作达成的一个重要标志。

（3）维护形象。在现代文明社会中，个人的形象高于一切，注重个人形象的人才会在工作中少出问题，少影响人际关系。

二、高职院校学生商务礼仪方面存在的问题

高职院校的学生主流上都是积极上进的。他们充满理想，热爱生活，追求真知，渴望成才。但是，由于自身知识和文化程度的原因，导致了思想意识和文化水平上的衔接出现了问题。他们有许多令人担忧的地方，主要表现在如下几个方面：

（1）基础文明习惯缺失。这主要包括在礼貌礼仪、行为举止、语言沟通等方面。有些大学生在公共场合仪表不整，衣着邋遢，穿着背心、短裤、拖鞋就出入图书馆、教室、操场等公共场所；有些大学生张口污言秽语，和别人交流时指手画脚，丝毫不注意个人形象；个别大学生情侣在公共场合旁若无人、举止不雅；更有甚者上课大声接听手机或睡觉，完全忽略了作为学生应尽的职责和义务。

（2）社会公德意识缺失。有些大学生不懂得遵守社会公德，颠覆了社会对大学生群体的良好认知。例如不爱护公共财物，在宿舍或教室内大声喧哗，浪费粮食，在公共场所乱刻乱画，乘车不遵守乘车秩序，不给老弱病残者让座，乱扔垃圾、随地吐痰、大小便，不懂得节约水电资源等。

（3）诚信意识缺失。许多大学生思想浮躁，在许多事情上希望不劳而获，缺乏诚信意识。这主要表现在抄袭作业、考试作弊、就业违约、助学贷款到期不还等。

（4）法治观念缺失。现代社会是一个法治社会。可是，大学生法律意识淡薄，违法乱纪的事件时有发生。例如，个别大学生年轻气盛，容易冲动，一语不合就挥拳相向或动棍动刀，丝毫不考虑后果。

三、商务礼仪课程在高职院校学生教育管理中的重要性

1. 可以提升个人的素养

教养体现细节，细节展示素质。在现在这个大学生泛滥的时代，一个毕业生若想在众多的求职者中脱颖而出，在细节中体现出自己的素养和气质绝对是成功的关键。比尔·盖茨讲过"企业竞争，是员工素质的竞争"。进到企业后，就是企业形象的竞争。高职院校的学生在经历了学历教育之后，掌握了与职业相匹配的职业技能，如果在商务礼仪素养方面再得到进一步的提升，在将来的求职就业当中，会起到良好的帮衬作用，大大增加未来职场择业的竞争能力。

2. 帮助提高人际交往的能力

人际交往能力就是在一个团体、群体内的人与他人和谐相处的能力。人是生活在社会里的人，很难想象，离开了社会，离开了与其他人的交往，一个人的生活将会怎样？有人存在，就必须要与人交往。高职院校学生在校学习期间，就应该要培养自己与同学、与教师、与领导以及与社会团体中的各种人群打交道的能力。与同学交谈，可以论争不同的学术观点，可以谈对社会现象的不同认识，在论辩中提高自己的语言能力与思辨能力；与老师交谈，可以交流读书心得，厘清不同的思想认识，可以从老师的指导中受到启迪，得到提升；与领导交谈，可以充分交流自己对问题的不同见解，也可以锻炼自己在领导面前不怯场，提升自己的勇气；与社会团体中的各种人群打交道，可以了解到他的工作状况和不同的心态，把学到的经验应用到以后自己的工作当中去。善于与人

交际，我们会从中学到很多书本上学不到的东西。我们在商业交往中会遇到不同的人，对不同的人如何进行交往是要讲究艺术的。相同的话，用不同的方式讲出来，收获的效果是不一样的。即便是夸奖人，如果运用的语言方式不正确，也会适得其反，把关系弄得很尴尬，甚至很糟。

3. 有助于维护自身形象

一个人的穿着打扮、言谈举止、待人接物体现了他的自尊。如果自己不自尊自爱，别人是不会看得起我们的。要尊重别人，先尊重自己。在商务交往中个人代表整体，个人形象代表企业形象，个人的所作所为，就是本企业的典型活体广告。绝不能简单地看成是一个人的独立行为。目前很多的大企业，都越来越重视员工礼仪方面的素质教育。因此一个人的一举一动、一言一行，都是此时无声胜有声，体现着一个人的内在修养与素质，我们的礼仪决定我们的一生。

总之，大学生是知识层次较高的群体，在道德水准和礼仪修养方面应当提出更高的要求。一些不良行为的存在，已经严重损害了大学生的形象，成为他们健康成长的障碍。法国作家大仲马说过："有些人学了一生，而且学会了一切，但却没有学会怎样才有礼貌。"因此，开展礼仪教育和教学，进行标准的礼仪训练，通过礼仪这个"尺度"，规范大学生的言谈举止，矫正粗俗、丑陋行为，已成为培养大学生良好形象、优雅气质和风度的必修课，必须引起高等院校教育工作者和大学生的普遍重视与关注。商务礼仪课程的教师要潜心研究，使本课程在高职院校学生管理中发挥其应有的重要作用。

第八章 口语表达基础知识
——交谈的艺术

任何工作离不开口语表达，口语表达的一项重要内容就是与交流对象之间进行交谈。交谈是一门艺术，它可以通过反复实践和不断总结经验而得到提高。恭敬有礼的话语温暖人心；恶语伤人，会使人与人之间的关系刻薄、冷淡。中国人对说话的境界的认识，有人归结为三种：最高的是妄言，如禅宗所谓"开口便错"，所有言说，到头来全是废话，不如无语。其次是慎言、寡言、讷于言。慎言是小心说话，少说话少出错，寡言和讷于言多半是性格导致的，寡言是说话少，是一种深沉安静的性格或品德。讷于言是说不出话，是一种浑厚诚实的性格或品德。最后是修辞或辞令。说话有"术"，"能说会道"确是一种本领。古有"一语千金"之说，也有"妙语退敌兵"之事。可见，会说、巧说是何等重要。

我们应重视"说"的作用，讲究"说"的艺术。在日常生活中，注意语言的学习与积累，针对不同的场合和对象，选用最得体、最恰当的语言来表情达意，力争获得最佳的表达效果。

第一节 交谈的技巧

一、交谈的含义

(一) 交谈的概念

交谈是由两个或两个以上的人围绕一个或几个共同感兴趣的话题交替发言，相互承接，双向反馈，交流看法，达到沟通思想或愉悦神情为目的的口语表达活动。交谈的范围十分广泛，包括日常聊天、谈心、座谈讨论、谈判、谈话、推销、规劝等。

人类是群居的社会动物，相互依靠而赖以生存，人与人之间产生了复杂的人际关系。在当今现代社会中人们广为关注的人际关系是人缘，人缘俗称"人脉"。有钱比不过"有人"，事业从"人脉"开始，在人脉网中提升，人缘变财源等，其间的沟通主要渠道是语言。所有这些，都要通过语言沟通渠道，这意味着人际沟通中的交谈绝不等同于无谓的闲聊。

（二）交谈的特点

1. 随机性

话题、程序、人员都不确定，而且用词面广，语汇丰富。交谈是随意性很强的反应性言语活动，它具有临时性、突发性和不可预测性。会话的双方由于临时受到对方发言的制约，在表达和理解方面都对心智提出了较高要求。所以，交谈也是锻炼口才应对的初级阶段。

2. 互动性

双向交流，需要理解、反馈。即使是人的尊重和价值也只有在人际互动之中才能实现，而不可能自己独立表现。参与方要注意对别人的讲话及时回应，在听解他方的前言、后语之后，随其言词所涉而谈，即所谓话赶话。这样顺承而下，即对讨论的话题内容不断补充并逐渐深化其思想。

3. 简缩性

采用日常口语，句子短小、简洁，浅显易懂；辅以神态、语境，使口语精练、传神。有的事物不言而喻，有的意思心照不宣；再加上眉飞色舞的表情，举手投足的动作，都以非语言的形式补充替代着双方会话中省略了的语言成分。

（三）交谈的类型

因工作业务需要而正式组织的专场交谈有以下基本类型。

1. 交互情形

并列式：双边或多边的交谈情形，有明确的相互交流倾向。交谈方平等，都要表述自己的思想情感。例如，讨论、座谈、洽谈。

主辅式：交谈双方由于目的不同，各自地位和作用存在差异。其中一方为主要发言人，他方充当受话人。例如，记者采访、医生问诊、调查询问。

2. 主动情形

交谈一方出于特定目的，游说对方。例如，谈心、做思想工作、自荐、劝导安慰。

3. 论辩情形

交谈双方对特定话题各抒己见，通过辩论来探求真理，分清是非。例如，学术讨论、法庭辩论。

二、交谈的适应技巧

（一）平等沟通

成功的交谈需要感情的交流，心灵的融会，平等沟通是交谈的前提。交谈的各方无论身份尊卑、职务高低都有平等发言的权利，包括人格上的平等和机会上的平等。交谈者不仅要当一名发言者，也要当一名耐心倾听别人发言的倾听者，在交谈过程中让人感到被尊重和接纳。

1. 互相尊重

人总是爱面子的，而爱面子的实质就是关心和爱护自我形象，因此，我们临时出门穿好衣服，总要照镜子看看穿得是否好看得体，谁也不愿穿得破旧肮脏，让人嫌弃。可是，有的人日常谈话却不认真对待，马虎草率，这是很不聪明的，说到底，是不关心爱护自我形象的表现。关心爱护自我形象，就得从尊重对方做起，只有尊重对方，才能赢得对方对自己的尊重。

人们都有这样的体会：对一个尊重自己的人，心里会由衷感到欢快、亲近，并情不自禁地以同样的态度给以回报，甚至本来双方观点差距很大，但在对方尊重、亲近态度的感召下，反而使矛盾淡化，问题变得容易解决，观点也容易接受了。这正是尊重对人心的征服作用。平等协商的态度本身，就是对对方尊重、亲近的具体体现。

2. 心灵的沟通

与人的日常交谈，贵在推心置腹。只要捧出一颗火热滚烫的红心，怎么不会使人感动呢？真缘于诚，人际关系贵在真诚，恳切至诚之心，怎能不动人心弦？"精诚所至，金石为开"，在说话时这句格言也非常适用。俗话说："感人心者，莫先乎情"，这种"情"应该是真情实意。只有用自己的真情，才能激起对方感情的共鸣。与人交谈，要为自己说出来的话负责，每句话都要掷地有声，句句有用，句句有味。要增强自我表现意识，把话说得巧妙得体。不说空泛、不着边际的话，不说浮夸油滑的话，不说似是而非的话。讲话能讲到点子上，能说到对方的心灵深处。只有这样，才能树立起美好的自我形象，使自己和对方在交谈中都感到安宁愉快。而如果感情是虚假的，则容易让人厌恶。

（二）聆听

在交谈中首先要学会聆听别人的谈话，要认真地表现出对对方及其谈话的兴趣。这是起码的礼貌行为，也是交谈取得成功的基础。当自己交替成为听者时，对对方的谈话，应该专心倾听、能动理解。专心倾听，不仅要用耳，而且要用全部身心，不仅是对声音的倾听，还是对意义的理解。听者如果对谈话内容漫不经心，采取消极被动的态度，左耳进右耳出，那就很难和对方进行沟通，更无法取得较好的谈话效果。

聆听并不是一种完全被动、消极的态势，而是积极参与交谈，了解交谈对方的重要言语行为。聆听必须时有反应，可通过点头、微笑、手势、体态、语言等做出积极反应，鼓励对方完整地说出自己的意思。美国有一位外交家曾评价周恩来的交际风格："凡是亲身会见过他的人几乎都不会忘记他。他身上焕发着一种吸引人的力量，长得英俊固然是一部分原因，但是使人获得第一印象的是他的眼睛……你会感到他全神贯注于你，他会记住你和你说的话。这是一种使人一见之下顿感亲切的罕有天赋。"

其实这是一种洞察他人内心世界的能力。俗话说："出门观天色，进门看脸色。"善于以聆听的姿态暗中察言观色、察觉对方哪怕细微体态语势并做出恰当反应的人，才能有效地驾驭和控制交谈，也才能于不知不觉中实现交谈目标并拥有良好的人际关系。例如，主人一面跟我们说话，一面眼往别处看，同时有人在小声讲话，这表明刚才我们的来访打断了什么重要的事。主人心里惦记着那件事，虽然在接待我们，却已是心不在焉。这时我们明智的做法是什么呢？一个两全其美的请求："您一定很忙，我就不打扰了。稍后再联系吧。"

聆听还应听出说话的话外之音。传说有个穷人患病，病情渐渐沉重，医生说他没有希望了。病人祷告众神，说如果能病好下床的话，一定设百牛祭，送礼还愿。他妻子正站在旁边，听他这么说，便问道："你从哪儿弄这笔钱来还愿呀？"他回答说："你以为神让我病好下床，是为了向我要这些东西吗？"故事中妻子根本没有领会丈夫的言外之意。实际上不想做的事情，人们倒最容易答应下来。虽说有时候心口不一，其内心的想法，却不知不觉从人们语言中流露出来。所以，聆听察言是很有讲究的沟通技巧。当我们与人交谈时，只要留心，就可以从谈话中探晓他人的内心世界。

（三）适宜的话题

所谓"万事开头难"，好的话题是交谈成功的基础。合适的话题能使交谈更投机，能产生"酒逢知己"的感觉。正式话题，应由寒暄或问候语引出。寒暄或问候语虽然并不正面表达特定的意义，但在沟通中是必不可少的。因为寒暄能使不相识的人相互认识，使不熟悉的人相互熟悉，使沉闷的气氛变得活跃。尤其是初次见面，几句得体的寒暄会使气氛变得融洽，有利于顺利地进入正式交谈。

在社交场合，谈论政治、经济、外交等各方面的形势，当然是一个重要的话题。特别是国际上出现的重大事件，往往成为一个热门的话题，有时甚至成为一个谈论的热点。在这样的时候，往往可以听到最新消息的传播，可以听到各种不同观点的阐述，有心人应当重视并善于运用这种机会。另外，如环境保护、人口增长、交通拥挤、疾病防治、青少年教育、老龄问题等，以及体育运动、电影电视、绘画音乐、民情风俗、科技发展、未来世界等，都可以成为有趣的话题。对于中国特色的事物如中医中药、太极拳、气功、京剧、中国菜等，外国人也常有意谈及。所以，话题总是广泛、多样的，交谈完全可以结合所处的环境、场所，谈话对象的职业、兴趣，各人的知识、水平，就地取材，引出话题，由浅入深。

当然，与不同身份的人交谈，还应注意选择与之身份、职业相近的话题。如老农关心收成，妇女爱谈孩子，小伙子最爱车子、足球。此外，也可以利用人们关心自己这一特点，让他们谈论自己。人们热衷于谈论自己胜过任何话题，如果巧妙地引导人们谈论他们自己，人们会非常乐意跟我们交谈。

三、交谈的控制技巧

话总是说给别人听的，话说得好不好，说话人是否有口才，不仅要看话语是不是恰到好处地表达了自己的思想感情，尤其要看别人能不能准确理解，是否乐于接受。如果我们说的话别人听不懂，或者压根儿不想听，那还有什么意义呢？在交谈实际中我们还得注意交谈对象、场合、制约和影响交谈的因素，从而掌控交谈的趋向，使其向有利于沟通和实现交谈目的的方向发展。

(一) 话因人异

"见什么人说什么话"。任何交谈，都离不开特定的对象。要使交谈达到既定的目的，必须知己知彼，有的放矢，要根据交谈对象的实际情况，如年龄、性别、身份、职业、文化、教养、性格、心理等因素，有针对性地确定交谈的内容和方式，做到因人施语，有的放矢。

1. 考虑对方的文化教养

话因人异，区别对待，首先要区别听话人的文化知识水平。例如，在与农村老太太说话时，说"配偶"就不如说"老伴"好。从事不同职业、具有不同专长的人，他们头脑里所具有的信息类型和兴奋点常常是不一样的。专业的知识和经验的丰富储存常常使他们对有关话题津津乐道。如果我们从他们一窍不通或一知半解的问题来引出话题，他们就会感到无言以对，这样，要想深谈下去是很难的。如果能抓住对方职业的特点或专长，来诱发话题，就能较容易触动他心灵的"热点"，进而产生心理相容的共鸣。

2. 考虑对方的情感心境

一个人在特定情境中的有特定的心情，与之交谈要把握好他的思想状况和情感需要。

（1）对先进人物，要教育他们谦虚谨慎；对中间人物，要教育他们有理想，"推"他们前进；对后进人物要以鼓励为主，不嫌不弃，用心引导。

（2）对好表现、易骄傲的人，要既肯定成绩，又指出问题，对好动摇、易泄气的人，要帮助分析各种条件，引导他看到成绩，提高信心。

（3）对好动感情、容易冲动的人，要及时把握动态，加强涵养教育，对好反复、破罐子破摔的人，要指明出路，抓紧时机，因势利导。

（4）对个性强的人，要心平气和，以柔克刚；对感情脆弱的人，要轻言细语，耐心开导。

所谓"一把钥匙开一把锁"。1936年西安事变爆发后，张学良、杨虎城手下的军官情绪冲动，纷纷要求把蒋介石杀掉。周恩来到达西安后，面对这一群愤怒异常、言辞激烈的军官，迅速地掌握了他们的思想感情状况，劈头反问一句："杀他还不容易，一句话就行了！"这话尖锐泼辣，立即引起了对方的深入思考，使愤激的人们在思考中趋于平静。但是他们思想上一时还理不清头绪，需要点拨。接着周恩来又循循善诱地引导："杀了他以后又怎么办呢？局势会怎样呢？日本人会怎样呢？国家和民族的前途会怎样呢？各位想过吗？"接连的5个问题，都是这些人们应该思考而又没有思考的问题，因而造成了步步紧逼的势态，把他们的思考引入了深处。然后周恩来又敏锐、入情入理地剖析着："这次抓了蒋介石不同于十月革命逮住了克伦斯基，不同于滑铁卢擒获了拿破仑。前者是革命胜利的结果，后者是拿破仑军事失败的悲剧。现在呢，虽然捉了蒋介石，可并没有消火他的实力，在全国人民抗日高潮的推动下，加上英美也主张和平解决西安事变，所以迫蒋抗日不是不可能的。我们要爱国，就要从国家民族的利益考虑，不计较个人的私仇。"这话终于击中了军官们思想上的"的"，解开了他们心中的"结"。

3. 说话要考虑对方性别、年龄和个性特征

不同年龄的交谈对象，由于思想文化基础和心理性格特征差异较大，往往有不同的喜好。

（1）少年儿童求知欲强，猎奇心重，喜欢富于故事性、趣味性、知识性的交谈。

（2）年轻人往往对前途理想、婚姻恋爱、科学文化、娱乐体育的话题津津乐道。

（3）中年人多热衷于专业学术、社会新闻、家庭管理、人际关系的交流。

（4）老年人则对退休生活、健身长寿、文物古迹、书法诗画感兴趣。

在交谈的形式上，也要投其所好。

（1）对少年儿童应多运用具有平易性、幽默性、启发性的语言。

（2）对中青年应多运用具有科学性、哲理性的语言。

（3）对老年人则应多运用带有含蓄性、委婉性的语言。

所以，即使是同一交谈内容，对不同年龄段的人，用语也要有所区别。例如，打听年龄，对老年人不宜说："您今年几岁？"而应问："您今年高寿？"或"您今年高龄？"对中年人不妨问："你今年多大年纪了？"而对小孩则应说："你今年几岁了？"

对不同性别的人也要区别用语。比如，一个青年询问另一个男青年："你今年多大年纪了？"这是很平常的，但如果以此来直接询问一个年龄相仿的未婚女青年，也许就会引起对方的不必要猜测，平常人们说一个男同志"胖得像个冬瓜"，他也许会毫不介意，一笑了之；然而这句话说到一个体型相仿的女青年头上，她很可能就非常不高兴，觉得有意羞辱她。

而不同气质性格的人，往往喜欢不同的说话风格，在交谈方式和态度、语气上应加以区别。因为我们面对的交际对象性格迥异，特别是生性内向的人，不仅自己说话比较讲究方式方法，而且也很希望别人说话有分寸、讲礼貌。因此，与这样的交际对象交谈时，要讲究说话方式，尽可能对其表现得尊重和谦恭。

传说朱元璋做了皇帝，他从前相交的一帮苦朋友，有些还照旧过着很穷的日子。有一天，朱元璋从前的一个苦朋友从乡下赶来，一直跑到南京皇宫大门外面，他哀求黄门官进去启奏说："有旧友求见。"朱元璋叫传。见面的时候，他说："我主万岁！当年微臣随驾扫荡芦州府，打破罐州城，汤元帅在逃，拿住三将军，红孩儿当关，多亏菜将军。"朱元璋听他说得好听，心里很高兴。回想起来，也隐约记得他的说话里像是包含了一些从前的事情，所以就立刻封了他做羽林军总管。这位嘴乖心巧的苦朋友从此就做起大官来了。这件事让另一个苦朋友听见了。他心想："同是那时候一块玩儿的人，他去了既然有官做，我去当然也不会倒霉的吧？"他也就去了。和朱元璋一见面，他就直通通地说："我主万岁！还记得吗？从前，你我都替人看牛，有一天，我们在芦花荡里，把偷采的豆子放在瓦罐里煮。还没等煮熟，大家就抢着吃，把罐子都打破了，撒了一地的豆子，汤都洒在泥地里。你只顾从地上满把地抓豆子吃，不小心连红草叶子也吃进嘴里去。叶子哽在喉咙里，苦得你苦笑不得。还是我出的主意，叫你用青菜叶子放在手上一拍吞下去，才把红草叶子带下肚子里去了。"事过境迁，朱元璋今天心情可能不太好，嫌他太不会顾体面，等不得听完就连声大叫："推出去斩了！推出去斩了！"同是叙旧，而效果却截然相反。这说明感情的表达必须看清对象，顾及场合，把握特定场合交际双方的特定关系，否则，其后果将是很严重的。不然，怎么会有"伴君如伴虎"之类的说法呢？

（二）话随境迁

俗话说"到什么坡唱什么歌"，这指的是话随境迁。

1. 说话要顾及场合

这里的场合指的是由一定的时间因素、空间因素和交际情景有机组合成为的言语交际场合。交谈时，说和听双方对话语的采用或理解，都要受特定场合的影响和制约。就说的一方而言，无论是话题的选择还是话语形式的采用等，都要根据特定场合的需要来确定。否则，再好的意思，再优美的话语也收不到好的效果，有时甚至会适得其反。试想，在跟朋友谈心时，像做报告那样拿腔捏调，在悲哀、肃穆的葬礼仪式上讲话，像相声演员那样通篇幽默之语，将会产生怎样的后果？所以口才的施展必须适应特定场合的需要。

（1）公开场合。公开场合是一个人数众多、形色各异的场合。在公开场合交谈，首先要求表述内容积极向上，给社会注入新的理念，促进人类社会的发展与进步。其次要讲究表达方式。卡耐基认为要充满"生命力、活力、热情"，使听众的情绪完全受演说者左右。最后还应注意语言的正确性。因为在公开场合，讲与听双方，是以演说者为主的，听众虽然处于较为被动地接受地位，却是难以抹杀的"人证"，有些话，说了就收不回来了。

（2）私下场合。私下场合是只有交谈双方单独相处的交际环境，双方都可以敞开思想的发送或接受。在内容上，什么都可以涉及；在形式上也不必拘泥，"天知、地知、你知、我知"，双方也会有所顾忌，因而交谈侧重于沟通、了解。

（3）正式场合。正式场合是为特定的目的而设置的、有一定条件和规范的场合。如商贸洽谈及外事谈判的会谈处、举行会议的会场、发表演讲的礼堂、开业及庆典的现场、教师讲课的课堂等。这类场合，无论是发表意见还是接受意见，都不能随心所欲、马虎从事；必须遵从该场合的规定，按特定的目标规范双方的行为。这种环境的制约因素是很明显的。

（4）非正式场合。非正式场合是事前没有特别规定，也无条件限制的自由的场合。如纳凉的树下、购物的商场、散步的街头、闲聊的茶馆、看戏的戏院、跳舞的舞池、串门的家庭等。这类场合，交谈双方都显得轻松自如，交谈随便。所涉内容多为寒暄应酬的生活琐事，而且在这种场合说话，大多不用认真，想到哪儿说到哪儿；姑妄言之，姑妄听之。像小道消息、流言蜚语之类的，也往往在这种场合产生。

2. 说话要顾及语境

"语境"，一方面是指环境，如社会环境、自然环境；另一方面是指交谈各方的上下文语意影响。这里专讲交谈的环境。

说话要顾及语境。例如，在国家级的外交谈判中，地点的选择是一个很敏感的问题，通常的处理方法是在谈判双方的领土上轮换举行，或者选择第三国作为谈判地点。为什么这个问题会成为一个重要而敏感的问题？这就是语境在谈话中的重要表现了。人们都有这样的体会，在朋友家里说话，总有一种客人心态，说话也总是显得拘谨一些，可在自己家里接待朋友，就无拘无束了。正是这种语境产生的主人心态，自然形成了一种优势，虽然属于非言语因素，但它却能增强话语的表达效果。

地点属于自然环境，但一旦成为附属于某种社会力量所能施加影响的范围时，它就成了社会环境。例如，有些领导者发现问题，往往请下属到自己办公室谈话。办公室是上级办公的地方，下属来到这里，很容易联想到上下级关系，于是便产生了一种"必须服从"的心态。这样，本来是对等的谈话，因为地点这一特殊社会环境的参与，就有利于一方，使对等的双方变成主动与被动的两方。主动一方便有一种"居高临下"的势头。当然这只是一种心理差异，绝不是"以势压人"。反之，如果为了加强联络，增进信任和友谊，领导人员则应走出"领导效应区"，到职工宿舍、食堂、俱乐部等地区去，便于放开话题，无拘无束。这类非语言因素，有时正像看不见的磁场，有着极其强大的特殊效应。

交谈时应选择有利的语境来增强说话效果。

（三）创设环境

人们的言语交际活动需要在一定的环境下进行，但环境对人们的言语交际并不是起着绝对的支配作用的。人们不会完全听命于环境的摆布，而是可以充分发挥主观能动性，根据不同需要，选择和利用适合的环境。

根据不同需要，首先是服从交际的主旨。交谈的主动者在明确的主旨指向下去选择环境，让其合理地成为话题的引线，使得自己的交谈信息发送顺理成章、合乎时宜，易被对方接受。其次是考虑交谈对方的心态，主动创设环境，让对方能够接受自己的意见。要针对对方此情此景最容易接受的心理状态去创设，使创设出的环境为其理解、认同，继而产生思想情感的共鸣，最终达成交际的目的。

日本某礼品公司推销员原田一郎就非常善于运用讲述感人小故事来促成销售。有一次，一位顽固的先生第六次拒绝了原田一郎的产品，"礼品？我要那东西做什么？"客户不屑一顾地说。为了点醒客户，原田一郎就给他讲了下面这个故事：

38岁的美子，自从生了两个孩子后，就在家里做了一名家庭主妇。但是当孩子大了，被送进全托的学校，家中叫了保姆后，她感到了生活的空虚。丈夫看着神情恍惚、体形变样、无所事事的美子，他开始感觉到了她的无聊。

美子的生日正好是在过新年的时候，该送什么礼品能表达这份心意呢？那天晚上，丈夫早早回家，邀请妻子到餐厅里吃饭。正享用着美食时，丈夫递给美子一个包装精致的礼品，拿在手上非常轻。美子狐疑地看着微露笑容的丈夫，礼品她收得多了，但这么轻的礼品她还是第一次收到呢，到底是什么东西呢？她打开包装，里面是一张健身银卡——某健身场所可以健身和美容同时用的健身卡。"我希望你在新年里能走出家庭，拥有健康和美丽。"丈夫在她耳边悄声说。收到礼物后，美子这一年里就开始了她的健身美丽计划，每天增加了一个项目——健身。在不知不觉中，她的体形发生了改变。有次，丈夫与朋友聚会，叫她一起去，她穿着以前只能羡慕的服装，容光焕发地出现在他们面前时，丈夫的朋友们看到无不惊讶地叹道："哇。"

原田一郎的这个感人的故事足以说明在夫妻互相关爱、送礼送健康的好处：那位顽固的先生听完故事一语不发。最后，他为了妻子的生日买了一份健身礼物。

还可以借助眼前景物，提升说话效果。有时话语交际陷入困境，可灵活地借眼前的事物来解脱自己，化被动为主动。

某国大选结束后，新当选的总理在人群中发表演说，突然，意外的情况出现了，这位总理因腹痛难忍，满头大汗，竟无法说完正说的语句，于是医生立即赶来急救，周围的人心中都笼上了一层阴影：这位他们维护、拥戴的新总理身体状况这么糟，怎么胜任自己的工作呢？过了一会儿，这位总理又精神抖擞地返回人群，人们正在窃窃私语着，只见他很快扫视了人群一眼，镇定自若他说："我们的国家就像我的身体一样，刚刚经历了一场深刻的危机，但是现在好了，危机已经过去，希望就在前头。"语言一落，全场为之欢呼，人们的情绪一下子又变得热烈激动。

借助环境中的各种现象，或根据随时出现的情况，加以联想，乘势发挥，会使自己的讲话主题更突出，论证有力。

案例：

一位早年毕业于某高等院校中文系、勤勤恳恳工作了几十年的老教师退休了。为此，学校为他和另一位曾多次荣获过"先进"的退休老同志一并举行了一个欢送会。与会同志和领导对他们的工作和为人进行了热情洋溢而又非常得体的肯定和赞扬，相比之下，对那位曾多次荣获过"先进"的老同志的美誉则尤其多。当轮到两位受欢迎的退休老同志致答辞的时候，他们对大家的赞誉作了深情的感谢。一时间，会场里充满了一种令人动情的温馨气氛。作为答谢，话本该说到这里为止；然而，那位老教师却并未就此打住，却由人们对另一位"先进"的赞扬中引起了感触，并作了颇为欠当的联想和发挥："说到先进，很遗憾，我从来也没有得过……"话犹未尽，坐在他对面的、平日与他相处得不很融洽的一位青年教师突然抢了话头："不，那是我们不好，不是你不配当先进，是怪我们没有提你的名。"话语中带着一种不肯饶人而又让人难堪的"刺"，冷不防，老教师的眼角眉梢被"刺"出了一股感伤的表情，一时间会场中出现了一种怏怏不悦的尴尬气氛。一位领导见势不对，马上接过话茬，想把气氛缓和一下，照理说，这时，他应避开"先进"这个敏感的话题，转而谈论其他。然而，他却反反复复劝慰那位退休老教师，叫他对"先进"的问题不要在意，说没有评过先进，并不等于不够先进，先进不仅在名义，更要看事实。如此等等，一席话，等于是把本应避而不谈的话题作了重复和引申，使本已尴尬的局面显得更为尴尬。

案例：

有一次，群众围住了爱因斯坦，要他用"最简单的话"解释他的相对论，爱因斯坦说："比如说，你同你最亲密的人坐在火炉边，一个小时过去了，他觉得好像只过了五分钟。反过来，你一个人孤孤单单地坐在热气逼人的火炉边，只过了五分钟，但你却像坐了一个小时。这就是相对论。"

第八章 口语表达基础知识——交谈的艺术

案例：

  1957年3月20日下午，秘书林克随毛泽东由南京飞往上海。当飞机途经镇江上空时，毛泽东诗兴甚浓，书写了辛弃疾的一首诗《南乡子·登京口北固亭有怀》，并意犹未尽地向林克解释了这首词的意思和其中的典故："何处望神州？满眼风光北固楼。千古兴亡多少事？悠悠，不尽长江滚滚流。年少万兜鍪，坐断东南战未休。天下英雄谁敌手？曹刘！生子当如孙仲谋。"毛泽东笑道："辛弃疾这首词里'不尽长江滚滚流'是借杜甫的诗句；'生子当如孙仲谋'是借曹操的名句。"毛泽东口才滔滔，一下就说开了。他说，"看过《三国演义》就知道，曹操'煮酒论英雄'时说，'夫英雄者，胸怀大志，腹有良谋，有包藏宇宙之机，吞吐天地之志者也。'刘备说：'谁能当之？'曹操以手指刘备后自指说'今天下英雄惟使君与操耳，尽管刘备比曹操所见略逊，但刘备这个人会用人，能团结人，终成大事。"

案例：

  唐弢先生曾经回忆鲁迅先生与青年的一段交谈："有些青年不懂得当时政治的腐败，光在文章里夸耀中国地大物博。看得多了，鲁迅先生叹息说：'倘是狮子，夸说怎样肥大是不妨事的，如果是一头猪或一头羊，肥大倒不是好兆头。'有些青年一遇上夸夸其谈的学者，立刻被吓倒，自惭浅薄；这时候，鲁迅先生便又鼓励他们说：'一条小溪，明澈见底，即使浅吧，但是却浅得澄清。倘是烂泥塘，谁知道它到底是深是浅呢？也许还是浅点好。'"

案例：

  一位小姑娘在集市上卖豆角，每斤2元钱，买主还价1.5元，两人言来语去，正在僵持不下的情况下，买主一边用眼睛盯着鲜嫩的豆角，一边从口袋里掏出三五牌香烟准备抽烟。小姑娘发现了"新大陆"，机灵地说："同志，你为了争5角钱，花了这么长时间，其实只要少抽一支烟，就足够了。一斤豆角就可以炒一大盘菜，不过一支烟钱。"这一说，买主愣了一下，"争劲儿"顿时没了，掏出4元钱，买了两斤走了。

第二节　交谈的策略

  掌握了交谈的技巧，具备了交谈的基本功，只是为交谈的顺利进行创造了良好的前提条件。而交谈的内容、目的、背景、对象等具体情形是千变万化的，还需要交谈者灵活运用口语规律，掌握多种交谈策略，才能促使交谈尽快获得成功。

一、幽默

（一）幽默的含义

  幽默就是用有趣、可笑而意味深长的言辞造成特殊的表达效果。莎士比亚认为，

"幽默和风趣是智慧的闪现";老舍说,"幽默者的心是热的";高尔基认为,"幽默是生活中的盐";契诃夫认为,"不懂得幽默的人是没有希望的"。幽默的效果,最明显的就是让接受者发笑,但更为重要的是幽默的意味深长。在口语表达中,通过幽默,可以使其言辞话语增强趣味性、生动性,使说话者与听话者建立密切的交际关系,有利于口语交际的有效进行。

幽默通常具有三个基本的特征。

(1) 构成幽默的核心,是表象的不正常、矛盾、不通情理、不协调、反常或违反常规常理,明显给人不可思议的感觉。

(2) 在不正常的表象下蕴涵或暗示着深刻的道理,耐人寻味。

(3) 这种行为或表达方式所获得的直接效果是引人发笑,即引发听者的联想与会意,在顿悟之后发出会心的一笑。

在交谈中运用幽默的意义在于以下三点。

(1) 吸引听众,大大缩短说话者与听众之间的心理距离。因为它用笑声刺激了听众。根据心理学的研究,笑声能刺激肺的活动,改善呼吸,促进血液循环,提高精神活力。因而也就自然能吸引听者的注意力。

(2) 消除对抗心理。在批评性的谈话中,说话人与听者在心理上有对抗或不相容地位,如能巧妙地运用幽默语言,则可使对抗和不相容性削减,甚至变不相容为相容。

(3) 明理服人。深刻的道理固然在庄重严肃的论证过程中阐述,然而一番话语若始终都枯燥无味,肯定不及形象生动的暗示耐人寻味。明确了其含义与作用,才能正确地运用幽默。

(二) 幽默的运用

在人际交往中,通过幽默可以形成博学、睿智、高雅的风度,能给人们良好的印象。幽默的最显著的特征就是能引发喜悦娱乐,给人以轻松愉快的欣慰,也能使人在笑声中接受批评,或使难堪的场面变得轻松和缓,消除拘谨甚至误会,或在对立中取得胜利。难怪美国学者对"幽默"的解释也是如此诙谐风趣:"幽默是到口的肥鸭竟然飞了还能一笑置之。"传说有一天,年迈的英国戏剧家萧伯纳被一辆自行车撞倒。骑车者立刻扶起萧伯纳,不安地表示歉意,萧伯纳却打断他的话说:"不,先生,您比我更不幸。要是您再加点儿劲,那就可以作为撞死萧伯纳的好汉而永远名垂史册了。"萧伯纳幽默的话语使骑车者的紧张情绪顿时消失,同时也显示了这位伟大戏剧家的胸怀、风度和魅力。

幽默感的培养需要从两个方面长期修炼:

一是平时注意培养观察力和想象力,具备能把平凡事物从内到外都看透的能力,这样能在交谈中机智地将某事、某话联想到别的事务上去。

二是不断提高自身的文化素养和语言表达能力。任何一句貌似平淡的调侃话,都具有深厚的思想基础和功力,并非一时兴趣即成的。

美国一位心理学家说:"幽默是一种最有趣、最有感染力、最具有普遍意义的传递艺术。在人际交往中,幽默起着润滑剂的重要的作用。青年人要在生活中努力培养自己的幽默感，这就要善于总结前人的经验，也要善于发掘生活中丰富的幽默矿藏。只要你不做生活的旁观者，满腔热情地投身到火热的社会生活中去，幽默就向你招手呢！"

幽默作为成熟人格的标志，也是现代人必须具备的素质。在现代职场高度紧张的事业打拼中，时不时地"幽他一默"，则是缓减竞争压力，消除紧张气氛的最佳"空气清新剂"。

幽默是一种总的语言沟通效果，在交际实践中通常借助一定的上下文语境和修辞方法配合，构成幽默的意韵。幽默的具体运用有很多途径，以下列举几种常用的幽默方法。

（1）一语双关。一语双关是指在说话时，故意使某些话语在特定的环境中带上双重意义。

例如，杰拉尔德·福特（1913年出生）是美国第38任总统，他说话喜欢用双关语。有一次，他回答记者提问时说："我是一辆福特，不是林肯。"众所周知，林肯既是美国很伟大的总统，又是一种最高级的名牌小汽车；福特是当时普通、廉价而大众化的汽车。福特说这句话，一方面表示谦虚，另一方面则标榜自己是大众喜欢的总统。

又如，在课堂上，老师问："亨利，你们在班上用得最多的3个字是什么？"

亨利："不知道。"老师："回答得完全正确。"

这是一则很逗笑的幽默小品。我们可以笑老师的糊涂：亨利说不知道，这是他在告诉老师不知道老师的问题的答案，老师居然还说他正确。我们也可以这样理解自己发笑的原因：亨利回答得歪打正着，他的"不知道"正巧合了答案"不知道"，老师则将错就错、移错为对，倒是一种挺幽默挺机智的裁定方式。我们也可以这样认为：我们之所以发笑，因为我们此时此刻从"不知道"这一个语形上双关到亨利的不知道与"不知道"那3个字这两种性质截然不同的情景，即由双关心理而发笑。

（2）旁敲侧击。旁敲侧击就是暗示法，含蓄反讽，耐人寻味。

一天深夜，法国大作家巴尔扎克被房间里小偷翻动抽屉的声音惊醒。他明白怎么回事后，平静地躺在床上，自言自语道："别翻了，亲爱的。我白天都没能在里面找到一点钱；现在这么黑，你怎么能找得着呢？"清贫的大作家暗示小偷偷错了对象，听起来调侃味儿够浓。

再如一则宣传戒烟的公益广告，上面完全没有提到吸烟害处，相反列举了吸烟的四大好处：一是省布料：……；二是可防贼：……；三是可防蚊：……；四是永葆青春：……

（3）语义别解。语义别解就是把本来不相干的事物巧妙引入上句话叙述的内容中，或者借题发挥，引申出新的认识与体验，造成幽默情趣。

在抗美援朝后的一个外交场合，美国记者看见周总理使用美国生产的"帕克"钢笔，便不怀好意地问："请问总理阁下，你们堂堂中国人，为什么还要用我们美国生产的钢笔呢？"总理听了，笑了笑，回答道："提起这支笔，还说来话长。这可不是支普通的笔，是一位朝鲜朋友抗美的战利品，作为礼物送给我的。我觉得有意义，就收下了这支贵国生产的钢笔。"

还有一次，周恩来接见美国记者，有个不怀好意的记者挑衅地问："总理阁下，你们中国人为什么把人走的路叫马路呢?"周恩来总理听了,很自豪地回答说:"我们中国走的是马克思主义道路,简称为马路。"那个记者听后哑口无言,一副窘态。

　　周总理这一妙答,巧妙拆解词意,创造了一种新奇的含义,点石为金,化拙成巧。既维护了中国人的尊严,又巧妙地回击了那个美国记者。有时候,甚至人们对某种牵强附会的解释也能有幽默的效应。

　　号称"铁齿铜牙"的清代著名学者纪晓岚,有一年盛夏,在屋子里脱光上衣,伏案校对《四库全书》。这时,乾隆皇帝向屋内走来。绍晓岚来不及穿衣,便一猫腰钻在案下,将桌布拉好。谁知乾隆皇帝眼特别尖,一下子就看穿了他的把戏。乾隆坐下,示意随从安静下来。纪晓岚见没有动静,便撩开桌布露头问:"老头子走了吗?"乾隆听了,十分生气,说:"老头子在此!纪晓岚,好大的胆子,叫我老头子?如果讲不出道理,立即赐死!"纪晓岚笑着对乾隆说:"老头子这三个字非臣臆造。容臣解释:皇帝称万岁,岂不为老?皇帝乃国之元首,岂不为头?皇帝乃真龙天子,岂不为子?'老头子'乃万岁之别称也。"乾隆听了,哈哈大笑,道:"苏秦、张仪再生所不及也!朕赦你不死,起来吧!"

　　(4) 回逆。回逆好比顺水推舟,以其人之道,还治其人之身。就是依照交际对方在表达中所用言词的结构、内容、情景、语气等,组织相应的言词返还给对方。这种技巧,一般只用于双向的言词交流。它的产生,带有很大的依赖性:对方说了,己方才能说;对方怎样说,己方只能照模式跟着说。在表达中,尽管回逆的语言与对方已有的发送有相同或相似之处,但一经转口,则要赋予其新意,造成揶揄、嘲讽等效果。

　　丹麦童话作家安徒生从不讲究穿戴。一天,他戴了顶破旧的帽子出门,一位绅士见了嘲笑他道:"你脑袋上边那玩意儿是个什么东西?能算是顶帽子吗?"安徒生立即接过话茬说:"你帽子下边那玩意儿是个什么东西?能算个脑袋吗?"

　　(5) 夸张。夸张要产生幽默,要同生活中谬误或滑稽可笑之处相联系,即通过对生活中可笑之处的极力夸大渲染,来揭示生活中某些不合理或不和谐的现象,起到善意嘲讽与规劝的作用。一般常采取大词小用、小词大用、庄词谐用的方法,并根据语境条件进行夸张铺饰,将结果极力夸饰,产生诙谐幽默。

　　1962年,中国在自己的领空击落美国高空侦察机。在随后的记者招待会上有位记者突然问外交部部长陈毅:"请问中国是用什么武器打下U-2型高空侦察机的?"这一问题涉及国家机密,自然不能说;但对记者的提问,又不能不答。于是陈毅来了个极度夸张:"噢,我们是用竹竿把它捅下来的呀!"大家都心照不宣,哈哈大笑一阵作罢。

　　(6) 比拟。通过比拟,可以抓住事物与人的某些相似点,将事物无意识的活动变成有意识的自觉行动或把人当作动物来写,通过联想和想象而产生特殊的意味。

　　美国著名小说家马克·吐温去一座小城。临行前,别人告诉他,那里的蚊子特别厉害。到了那个小城,正当他在旅店登记房间时,一只蚊子正好在马克·吐温面前盘旋。旅店职员很尴尬,忙驱逐蚊子。马克·吐温却满不在乎地对职员说:"贵地的蚊子比传说中的不知聪明多少倍。它竟会预先看好我的房间号码,以便夜晚光顾饱餐一顿!"大家听了不禁哈哈大笑。结果这一夜马克·吐温睡得十分香甜。原来,旅馆的职员听了马克·吐温的话，全体职工一起出动，想方设法不让这位博得众人喜爱的作家被"聪明的蚊子"叮咬。

幽默的产生除了借助以上几种方法外，还有很多，但其原理都是一致的，不论用哪种形式和方法都要注意自然，注重形成客观的幽默意韵。

二、委婉

委婉就是不便直说，而又不得不说时，采用婉曲暗示、含蓄传递的语言方式游说。

在交往中，自己的见解能否被别人接受，别人的看法能否被否定，靠单刀直入，不一定能够奏效。而迂曲避开了正面的冲突，以富于启迪性、劝诱性的言词，循序渐进，步步深入，使别人在不知不觉中接受我们的见解，摒弃固有的意见，或者陷入自辩不能的境地。这种表达艺术的奏效，不是只言片语就可达到的，往往需要多回合的言词交流；每交流一次，就向目的靠近一步，直至最终达到目的。如《战国策》中的"触龙说赵太后""邹忌讽齐王纳谏"都是此法的妙用。

1. 诱导启迪

尴尬与否，有时是相对的，而不是相互的。同一句话，自己说出来可能会导致难堪，对方说出来却可以自然而然。这时诱导对方开口，己话他说，无疑是上上之策。

王某准备借助于好友赵某的路子做笔生意，可就在他将一笔巨款交给赵某的第二天，赵某暴病身亡，王某立刻陷入了两难境地：若开口追款，大伤赵某的未亡人；若不提此事，自己的局面又难以支撑。帮忙料理完后事，王某是这样对赵夫人说的："真没想到赵兄走得这么早，我们的合作才开始呢。这样吧嫂子，赵兄的那些关系户你也认识，你就出面把这笔生意继续做下去吧！需要我跑腿的时候尽管说，吃苦花力气的事情我不怕。你看困难大吗？要干的话，早一天好一天。"结果赵妻反过来安慰他道："这次出事也让你生意上受损失了，我也没法干下去，你还是把钱拿回去再找机会吧。"

渡江战役前夕，国共和谈破裂，国民党政府即将垮台。周恩来力劝国民党和谈代表留在北平共事，不要回去做蒋家的殉葬品。代表们也对原政府失去了信任，却又不知毛泽东能不能容忍他们这些异党分子，就想探个究竟。可如果直接相问，就明显有乞降之嫌，大家都磨不开面子，有一个成员趁打麻将的时候，轻描淡写地问毛泽东："是清一色好，还是平和好？"毛泽东心领神会，爽快答道："还是平和好，我喜欢打平和。"就这样，一个重大的信息悄然传了过去，代表们全留了下来。

2. 委婉明理

不便直接明说的话语，借助形象生动的类比、比拟等婉转的语言方式来表达。

老师对学生们说："牛顿坐在苹果树下，忽然有一个苹果掉下，落在他的头上，于是，他发现了万有引力定律。牛顿是个科学家！""可是老师，"一个学生站了起来，"如果牛顿也像我们这样整天坐在学校里埋头读书，会有苹果掉在他头上吗？"

一家外资企业有位打工仔，在较短的时间内，连续两次提出合理化建议，使生产成本分别下降30％和20％。洋老板非常高兴，对他说："小伙子，好好干，我不会亏待你的。"这青年当然知道这句话可能意义重大，也可能一文不值。他想要点实在的，便轻松一笑，说："我想你会把这句话放到我的薪水袋里。"洋老板会心一笑，爽快应道："会的，一定会的。"不久他就获得了一个大红包和加薪奖励。

3. 闪避

躲闪回避，即委婉作答。对于容易造成尴尬局面的话题，却又事关重大，无法逃避，不得不面对，这时就必须讲究策略，使尴尬话题巧开口。实际就是想方设法回避，这才是上策。它的要求是：对别人所问，应当回答；但答要答得巧妙，迂回地达到躲闪、回避别人所问的目的，既要让别人不致难堪、下不了台，又要维护自己不能直说的原则。如果把两个人面对面地置于一个尴尬场面中却又不留回旋的余地，显然是不适宜的。这就需要人为地拉开话题与观场之间的距离，给双方留下一个缓冲带。

在楚汉相争中，项羽灭秦当上西楚霸王后，封刘邦为汉王，拟让其赴南郑就国。项羽谋士范增反对说："南郑内有崇山之固，外有峻岭之险，刘邦去哪里岂不是放虎归山？"项羽说："我已经封了，怎么办？"范增献计说："明日早朝你可以问刘邦愿不愿去。如果他说愿，你就斥责他想到那里养兵练将，有谋反之心，将其杀掉；如果他说不愿，你就斥责他不听命令，也将其杀掉。"第二天，刘邦上朝，项羽依计询问。刘邦回答道："臣为陛下坐骑，鞭之则行，收辔则止。臣，唯命是从。"刘邦的闪避，使项羽想杀他的两个借口都落了空，从而避免了一场灾难。

4. 扬长避短

轻率作答可能会有失分寸时，可以采用扬长避短的策略，即回避有可能对自己不利的话题，将交谈内容引向对自己有利的方面。

王僧虔是南朝齐首屈一指的书法家，齐高帝萧道成也酷爱书法。一天，萧道成提出要与王僧虔比试谁的书法好，王当然不能不从。君臣两人各自写好一幅楷书，遍示群臣，均不能言。萧道成便问王僧虔："你自己说说看，究竟谁第一？"王僧虔妙答道："为臣之书法，人臣中第一；陛下之书法，皇帝中第一。"皇帝只好笑而作罢。

5. 己话他说

尴尬与否，有时候是相对的，而不是绝对的。同一句话，自己说出来也许会导致难堪，对方说出来却可以自然而然。遇到这种情况，诱导对方先开口，最后让对方说出自己想说的话，这无疑是上上之策。《战国策·魏策》中就有这样一段对话。

魏王问张旄说："我想联合秦国攻打韩国，如何？"张旄回答说："韩国是准备坐等亡国呢，还是割让土地、联合天下诸侯反攻呢？"魏王说："韩国一定会割让土地，联合诸侯反攻。"张旄说："韩国恨魏国，还是恨秦国？"魏王说："怨恨魏国。"张旄说："韩国是认为秦国强大呢，还是认为魏国强大呢？"魏王说："认为秦国强大。"张旄说："韩国是准备割地依顺它认为强大的和无怨恨的国家呢，还是割地依顺它认为不强大并且心有怨恨的国家呢？"魏王说："韩国会将土地割让给它认为强大并且无怨恨的国家。"张旄说："攻打韩国的事，大王您应该明白了吧！"

张旄没有直截了当地向魏王指出不应该联合秦国攻打韩国，而是一步一步地诱导，让魏王自己分析出战争的利害关系。虽然张旄一直没有表明自己观点,但魏王已经心领神会。

三、预伏

(一) 预伏的含义

预伏就是交谈中说话者言词里暗含有前提性的意思,对听者有心理暗示作用,不经意间影响其选择与判断。在营销学中就有这样一个经典案例。

在我国香港,一般茶室因为有些客人在喝可可时放个鸡蛋,所以侍者在客人要可可时必问一句:"要不要鸡蛋呢?"后来心理学家建议改问:"您要一个鸡蛋还是两个鸡蛋?"据说这样问,鸡蛋的生意好了一倍。

(二) 预伏的运用

1. 触发式预伏

这种预伏是指讲话者事前并无预伏的企图,后被交往的语境触动,才萌发出预伏的观念。

罗斯福当选美国总统之前,曾在海军担任要职。一天,一位朋友问起海军在加勒比海一个岛建立潜艇基地的计划。罗斯福向四面看了看,压低声音问:"你能保密吗?""当然能。"罗斯福接着说:"我也能!"

请君入瓮,借对方之口说出自己想要说的话,以达到沟通的目的。而反向预伏则更令听众惊叹。

明代江南才子唐伯虎去参加一个富翁为其老母亲举办的寿宴,富翁求他画幅画,并题上字,于是唐伯虎挥毫而成一幅《蟠桃献寿》画,并随口吟出了题诗:

"这个婆娘不是人,"第一句出口,满宾客皆惊立而起。

"九天仙子下凡尘。"唐伯虎吟出第二句,众宾客乃释怀而坐。

"儿孙个个都是贼,"第三句又使富翁一家怒形于色。

"偷得蟠桃奉至亲。"满座宾客才长长嘘口气,随即赞叹不绝。富翁也兴奋异常,连连道谢。

2. 限制式预伏

这种预伏,发送者的目的非常明确,有明确的限制,如果接受者有所反应,往往下意识地在其限制之内考虑。

在一次记者招待会上,美国记者问基辛格:"我们有多少潜艇在配置分导式多弹头?有多少民兵(美制远程导弹)在配置分导式多弹头?"这是一个很难回答的问题,基辛格如果说"不知道",便等于撒谎;如果说"无可奉告"之类的外交辞令,又会落入俗套,还有可能激起记者们更尖锐、棘手的追问;如果实话实说,则必然泄露国家机密。面对这样的难题,基辛格却显得非常从容,他说:我们有多少潜艇我知道;有多少民兵在配置分导式多弹头,我也知道,但是我不知道这是不是保密的?"记者们一听高兴极了,立刻嚷嚷道:"不是保密的,不是保密的!"基辛格笑着反问道:"不是保密的吗?那你告诉我是多少?"

其实不论记者们怎样回答，基辛格都已经通过这一暗喻的前提掌握了主动，因而巧妙地封住了记者的嘴。

案例1： 一位顾客在皮草行选中一件羊皮外衣，但又担心经不住雨淋，便对售货小姐说："我常在外面奔波，真的担心它经不住雨淋。"小姐说："哪里会经不住雨淋呢？你听说过那满山遍野跑的羊要打雨伞的吗？"

案例2： 有个7岁的男孩看病时不愿打针。护士问他："男孩子怕不怕痛？"7岁的男孩已懂得"男孩子"意味着勇敢、顽强了，当然要说"不怕痛"了。

案例3： 一位客人登门拜访朋友。突然蹿出一条大狗对他狂吠，他吓得止住脚步。朋友闻讯出来看见他，连忙说："不要怕！俗话不是说'爱叫的狗不会咬人'吗？你不知道这句话吗？"他马上回答："我知道这句俗话，你也知道。可是这狗它知道这句俗话吗……？"

案例4： 据说，有一位商人见到诗人海涅（海涅是犹太人），对他说："我最近去了塔希提岛，你知道在岛上最能引起我注意的是什么？"海涅说："你说吧，是什么？"商人说："在那个岛上呀，既没有犹太人，也没有驴子！"海涅回答说："那好办，要是我们一起去塔希提岛，就可以弥补这个缺陷。"结果自然是商人自讨没趣。

案例5： 在公共汽车上，一位女乘务员捡到了一只提包。她打开提包看了看，然后对乘客们喊道："这是哪位的提包？里边还装有50块钱。"乘客们互相看看，沉默着。忽然一个小伙子从座位上站起来彬彬有礼地说："大姐，那提包是我的，包里的钱是我刚从邮局取来的稿费。"女乘务员："您认准了，这提包真是您的？"小伙子肯定说："没错儿。""那您提包里的手枪又是怎么回事？""啊！手枪？啊，这包不是……不是我的！"结果包里却是把玩具手枪。

思考题：

(1) 分析以下这段谈话失败的原因。

几位"送温暖"的干部慰问一位退休老工人。

干部："您老身子真够硬朗，今年高寿？"

老工人："79啦。"

干部："人生七十古来稀，厂里数您最长寿吧？"

老工人："哪里，老孙活到84啦。"

干部："那您老也称得上长寿亚军呀。"

老工人："不过，老孙去年归天了。"

干部："唉，这回可轮到您老了。"

谈兴正浓的老人听了这句话，话锋顿收，脸色陡变。

(2) 餐厅的啤酒杯里发现了苍蝇，据说有6个国家的顾客各有不同的处置方法，你喜欢哪一种？为什么？

英国人以绅士的态度吩咐侍者："请换一杯啤酒来。"

法国人会将这杯啤酒倾倒一空。

西班牙人不喝它，只留下钞票默然走掉。

日本人令侍者把经理叫来，训斥对方："你们就是这样做生意的吗？"

沙特阿拉伯人则会把侍者叫来，说："我让你喝……"

而美国人会向侍者微笑着说："以后请把啤酒和苍蝇分别放置，可由喜欢苍蝇的客人自行把苍蝇放在啤酒里，你觉得怎样？"

情景训练题：

(1) 小李从大学一年级起就谈恋爱，谈了3年，不久前不知何故分手了，他很伤感，一蹶不振。怎样劝说，让其重新振作，搞好学业？

(2) 将这几个词从你的辞典中删除出去——"我，我自己，我的"。用另一个词，一个人类语言中最有力的词来代替它——"您"。例如，"这是为您做的""如果您这么做，您将会从中受益无穷""这将会给您的家庭带来欢乐""您会从中得到好处"等。

(3) 在一个特殊的社交场合里，有人问你属什么，今年多大？你不想把真实情况告诉他，那怎么办？

(4) 在交谈过程中突然响起门铃、电话铃，这时你应该怎么办？

附录1 十二种行政公文的写法

(一) 命令（令）

1. 命令（令）的用途

（1）依照有关法律公布行政法规和规章。

（2）宣布施行重大强制性行政措施。

（3）嘉惩有关单位及人员。

2. 命令（令）的种类

（1）发布令。

（2）行政令。

（3）嘉奖令。

3. 命令（令）的写作

（1）发布令

① 标题：发令机关名称或发令机关领导人职务名称＋文种，如《中华人民共和国国务院令》。

② 令号：位于标题下面，令号不按年度编排，而是从发令机关领导人任职开始编流水号，至任满为止，下任另行编写。

③ 正文：说明公布的法规名称，通过或批准的机关或会议，通过或批准的时间及施行时间。

④ 落款：签署发令机关领导人的职务名称和姓名，然后注明发令日期。

（2）行政令

标题：发文机关名称＋主要事由＋文种，如《国务院关于在我国统一实行法定计量单位的命令》。

正文：

① 说明发布命令的缘由，做到理由充足，使人信服；

② 写出命令的具体内容，包括强制性行政措施及执行机关等，要求条目清晰，层次分明，便于执行。

（3）嘉奖令

① 标题：发文机关名称＋主要事由＋文种，如《××省人民政府关于授予××同志"见义勇为先进分子"称号的嘉奖令》；或仅注明文种，即只有"嘉奖令"三个字。

② 正文：包括嘉奖缘由、嘉奖事项、发出号召三个方面的内容。

4. 写作命令（令）的注意事项

（1）内容要符合有关法律和政策。

（2）态度要鲜明。

（3）文字要简练，结构要严谨，中心要突出，语言要肯定。

（4）发文机关要合乎要求。

（二）决定

1. 决定的用途

决定适用于对重要事项或者重大行动做出安排，奖惩有关单位及人员，变更或者撤销下级机关不适当的决定事项。决定是一种重要的指挥性和约束性公文。

2. 决定的写法

（1）标题

做出决定的机关或通过决定的会议名称＋决定的事由＋文种，如《××市关于平衡财政收支、严格财政管理的决定》。

（2）题注

会议通过的决定，要加上题注，说明这个决定是什么时间，在什么会议上通过的。

（3）正文

按其具体用途和内容不同分为两类：

① 对重要事项做出安排的决定。主要有表彰决定、惩处决定、机构设置决定、人事安排决定、授权决定及发布法规性事项的决定等。其正文包括两部分，一是说明做出"决定"的根据和执行名称；二是分条写明决定事项。

② 对重大行动做出安排的决定。这是一种事先对某项重要工作的开展进行布置的决定，指挥性极强。正文通常包含两层意思，即通过或制发决定缘由和决定的事项。

（4）结尾

重申要求，明确工作步骤或申明要求发出号召。

3. 写作决定的注意事项

（1）要做好调查研究。

（2）要做到观点鲜明。

（三）公告

1. 公告的用途

公告适用于向国内外宣布重要的事项或者法定事项。

2. 公告的写作

（1）标题

① 发文机关＋文种，如《中国人民银行公告》。

② 发文机关＋事由＋文种，如《中国人民银行关于进一步改革外汇管理体制的公告》。

（2）正文

正文大都只限于宣布具体事项。也有的公告正文相对复杂一些，即包括缘由或根据、事项和结语三项内容。其常用"特此公告"作结或省去结语。

(四) 通知

1. 通知的用途

通知适用于批转下级机关的公文，转发上级机关和不相隶属机关的公文。传达要求下级机关办理和需要有关单位周知或者执行的事项，任免人员。

2. 通知的写法

(1) 格式

用公文的一般格式。

(2) 标题

① 发文机关＋事由＋文种，如《××省关于进一步做好城市蔬菜产销工作的通知》。

② 事由＋文种，如《关于召开省属高校档案工作会议的通知》。

(3) 正文

1) 批示性通知

批示性通知含"颁发"型通知、"转发"型通知和"批转"型通知三种。

a)"颁发"型通知

"颁发"型通知又称"发布"或"印发"型通知，是指用来颁发行政法规和规章或印发有关文件的通知。其正文部分，一般首先说明制定所发布的规章的目的、根据，然后写明发布事项，最后提出执行要求。

b)"转发"型通知

"转发"型通知是指用来转发上级机关、同级机关和不相隶属机关的公文的通知。其正文有两种写法，一种正文包括两部分：开头部分先写明转发文件的名称，表明态度，提出原则要求。最后以"现转发给你们，请认真贯彻执行""请结合具体情况，参照执行""请研究执行"等惯用语句提出执行要求。另一种正文只写转发决定和执行要求，十分简洁。

c)"批转"型通知

"批转"型通知是指转发下级机关发来的公文的通知，其写法与"转发"型通知基本相同。正文一般先写明转发文件的名称，表明态度，宣布转发，阐明意义，提出要求。

2) 指示性通知

指示性通知是指上级机关宣布要求下级机关办理或执行的事项，但限于发文机关的权限，或因其内容不命（令）或指示的。这类通知又称规定性通知或布置性通知。

其正文包括：概述情况和问题，写明通知事项，提出工作要求，或用"特此通知，望认真执行"等结语。

3) 告知性通知

告知性通知是指告知某一具体事项，这类通知是机关日常工作经常会用到的公文文种。其正文先写明发文机关的决定事项及做出该决定的目的，"现就有关问题通知如下"是常用的过渡句。然后写明对有关事宜的安排、应知事项等。最后用"特此通知"结束。

会议通知是告知性通知的一个重要类别，其正文部分应写明召开的会议名称、须知事项两部分，须知事项包括会议名称、议题、时间、地点、与会人员、报到时间、地点，需带的材料，食宿安排，联系方式等内容。

4) 任免通知

任免通知的正文一般比较简单，直接写明任命谁担任什么职务，或者免去什么人的什么职务即可。

（五）通报

1. 通报的用途

通报适用于表彰先进，批评错误，传达重要精神或者情况。

2. 通报的特点

（1）严肃性。

（2）教育性。

（3）典型性。

（4）时间性。

3. 通报的写法

（1）格式

用公文的一般格式。

（2）标题

① 发文机关＋事由＋文种，如《国务院办公厅关于表彰奖励中国女子足球队的通报》。

② 事由＋文种，如《关于××学校相继发生食物中毒事件的通报》。

（3）正文

1) 表彰性通报

正文包括介绍先进事迹、宣布表彰决定、发出学习号召和提出希望要求等几项内容。

2) 批评性通报

正文包括叙述错误事实，指明危害，分析错误性质，申明通报决定，提出引以为戒的要求和切实可行的防范措施等几项内容。

3) 情况通报

正文写法主要有两种，一种先写发布通报的缘由，然后写明通报事项，最后提出要求和希望；另一种是将内容按问题分类，分成若干个部分来写。

（六）议案

1. 议案的用途

议案适用于各级人民政府按照法律程序向同级人民代表大会或人民代表大会常务委员会提请审议事项。

2. 议案的写法

（1）格式：按公文的一般格式。

(2) 标题：发文机关名称＋事由＋文种，如《国务院关于提请审议设立海南省的议案》。
(3) 正文：写明提交议案的缘由及提交审议的事项，结尾是"现提请审议"。
(4) 落款：发文单位；发文日期。

3. 写作议案的注意事项
(1) 要依照国家法律规定的职权范围行文。
(2) 要言之有理。

（七）报告

1. 报告的用途
报告适用于向上级机关汇报工作、反映情况，答复上级机关的询问。

2. 报告的种类
(1) 按性质可分为综合报告和专题报告。
(2) 按行文目的分为呈报性报告和呈转性报告。

3. 报告的写法
(1) 格式
用公文的一般格式。
(2) 标题
① 发文机关＋事由＋文种，如《中央慰问团赴云南慰问地震灾区的情况报告》。
② 事由＋文种，如《全国物价大检查总结报告》。
(3) 正文
① 呈报性报告。
开头：概括情况，提起下文。
主体：具体陈述情况，指明工作中的经验和教训，提出意见和打算。
结尾：常用"以上报告妥否，请指示""特此报告，请审阅"。
② 呈转发性报告。
开头：概括介绍情况，说明原因。
主体：汇报工作或反映情况、提出意见或建议，并写明具体的措施和办法。
结尾：常用"以上报告如无不妥，请批转各地执行"等。

（八）请示

1. 请示的用途
请示适用于向上级机关请求指示、批准。

2. 请示的写法
(1) 格式
用公文的一般格式。
(2) 标题
① 发文机关＋事由＋文种，如《××公司关于请拨设备改造资金问题的请示》。
② 事由＋文种，如《关于要求解决××地区严重积水问题的请示》。

(3) 正文

1) 请示指示的请示：此请示是针对工作中出现的具体问题，向上级机关申明情况，请求予以答复和下达处理意见，其正文的重点放在情况的陈述和问题的强调上，一般未提出具体建议。最后以"请核实"之类的语句结束。

2) 请求批准的请示：此请示是就某一问题或事项，提出本机关的处理意见，请求上级机关给予批准或表明态度。其正文的重点放在意见和办法的说明上，最后提出批准请求，即以请示批准的语句"以上意见当否，请审核指示""以上请示，请批复"作结束。

3. 写作请示的注意事项

（1）要正确选用文种。

（2）要尽量做到一文一事。

（3）要避免多头请示。

（4）要避免越级请示。

4. 请示与报告的区别

（1）具体功用不同：报告是呈阅性公文，主要作用是向上级机关汇报工作，反映情况，提出建议，陈述的特点明显，在报告中不能夹带请示事项。而请示是呈批性公文，主要作用是向上级机关请求指示或批准。在请示中虽然也可以陈述情况，但这是次要的，是为请示事项的提出服务的。

（2）内容含量不同：报告往往要涉及多个事项或一个事项的几个方面，即使是专题性报告，也往往要涉及一个事项的几个方面，内容含量大，报告比较复杂，篇幅较长；而请示的撰写强调一文一事，内容单一，篇幅较短的比较多见。

（3）行文时机不同：报告可以在工作进行之前行文，也可以在工作进行当中行文，而更多的是在工作完成之后行文；而请示则必须事前行文，不能"边干边请示"，更不能"先斩后奏"。

（九）批复

1. 批复的用途

批复适用于答复下级机关请示事项。

2. 批复的写法

（1）格式

用公文的一般格式。

（2）标题

① 发文机关＋事由＋文种，如《国务院关于建设中关村科技园区有关问题的批复》。

② 事由＋文种，如《关于修建新办公楼请示的批复》。

（3）正文

1) 开头部分：批复缘由，一般用简明扼要的语言引述请示的标题和发文字号、发文时间或概括来文的主要内容；如问题比较复杂，往往用过渡语"现批复如下"，引出批复意见。

2）主体部分：批复事项，是正文的核心部分，根据请示事项，逐条批复，一般先表明批复态度，再写明批复意见，提出指示或要求。

3）结尾部分：通常以"特此批复""此复"等惯用语，也可以省略以上字句，自然收尾。

3. 批复与复函的异同

复函即答复性函，是专为答复问题而制发的函。批复同复函虽然都属于回复性公文，但毕竟是完全不同的两个文种。二者的区别主要体现在如下两个方面：

一是行文方向有所不同。批复的行文方向单一，均为上级机关发给下级机关的下行文；而复函的行文方向灵活，它通常是同级机关或不相隶属机关之间使用的平行文，有时则是下级机关发给上级机关的上行文或上级机关发给下级机关的下行文。

二是重要程度有所不同。批复往往用于答复比较重要的事项，而复函则可用于答复一般性问题。

4. 写作批复的注意事项

（1）态度要鲜明。

（2）内容要全面。

（3）行文要迅速。

（十）意见

1. 意见的用途

意见适用于对重要问题提出见解和处理办法。

2. 意见的写作

（1）格式

用公文的一般格式。

（2）标题

① 发文机关＋事由＋文种，如《国家基本建设委员会关于基本建设推行合同制的意见》。

② 事由＋文种，如《关于加快实现社会福利社会化的意见》。

（3）正文

① 开头：简要说明提出意见的目的、根据及缘由。

② 主体：可分条列项写明工作意见，从总体目标和要求到提出具体措施和步骤，从各个角度、各个方面对有关工作如何进行提出指示性和建议性意见。

③ 结尾：通常就与意见的实施有关的事项做出说明，或把此部分内容作为主体部分一项内容写出，不必单列结尾部分。

（4）落款

落款包括发文单位、印章、发文日期。

3. 写作意见的注意事项

① 看法要明确。

② 办法要具体。

(十一) 函

1. 函的用途

函适用于不相隶属机关之间商洽工作,询问和答复问题,请求批准和答复审批事项。

2. 函的分类

(1) 按行文方向可分为去函和复函。

(2) 按内容可分为商洽性函、询问性函、答复性函和请求性函。

3. 函的写法

(1) 格式

用公文的一般格式。

(2) 标题

① 发文机关+事由+文种,如《公安部关于调整新护照收费标准的函》。

② 事由+文种,如《关于申报工商营业执照的函》。

(3) 正文

1) 商洽性函

机关之间商量或接洽工作,可以使用商洽性函。如《××省人民政府办公厅关于商请办理直通香港运输车辆有关牌证的函》。其正文要写明商洽事项,含有协商、祈请语气的"妥否、请函复"这类惯用语。

2) 询问性函

机关之间询问问题,征求意见,可以使用询问性函。如《××省体育运动委员会关于询问举办全省农民运动会有关项目比赛的函》。其正文要写明询问的事项和答复要求,最后以"盼复"或以上意见,请予函复结尾。

3) 请求性函

机关之间请求帮助或配合工作,以及向有关主管部门请求批准,可以使用请求性函。如《××省人民政府办公大楼关于申请拨款维修省府机关办公室的函》。其正文说明提出申请的理由和请求批准的事项。不相隶属的机关之间请求批准,不应用请示,而一般要用函。

4) 答复性函

机关之间回复问题,可以使用答复性函。如《国家物价局、财政部关于调整新护照收费标准的复函》。其正文首先引述对方公文的标题和文号,这是对发文缘由的揭示,然后表明态度,并以"现函复如下"这一惯用的过渡语句领起下文写明答复事项,或提出指示意见。写完后全文也就结束了,不用使用结束语。

4. 写作函的注意事项

(1) 文种的选用要正确。

(2) 内容要简洁。

(3) 措辞要具体。

（十二）会议纪要

1. 会议纪要的用途

会议纪要适用于记载和传达会议情况和议定事项。

2. 会议纪要的种类

（1）按其内容和功用不同，可划分为指示性会议纪要、通报性会议纪要、消息性会议纪要。

（2）按会议性质不同，可划分为日常行政工作会议纪要、大型专题工作会议纪要。

3. 会议纪要的写法

（1）标题

会议名称或会议议题＋文种，如《全国江河堤防建设现场会议纪要》。

（2）正文

① 开头部分：概述会议情况即简要交代会议的时间、地点、出席人员、会议内容等。

② 主体部分：写明会议议定事项，会议讨论、形成的意见或概括会议精神的要点等。

③ 结尾部分：对与会单位和有关方面提出贯彻会议精神的要求和希望，或者概括会议内容。

（3）落款

写上制文机关名称、成文时间。

4. 会议纪要的特点

（1）纪实性。

（2）提要性。

5. 写作会议纪要的注意事项

（1）要做好会议记录。

（2）要突出会议要点。

（3）要善于整理会议意见。

附录2　公文常使用的专用词语

1. 称谓语

即公文中对不同的行文对象的特定称谓用语。

常见的有"贵""该""各""本""我""你""他"等。写作时，应当根据不同的行文方向和隶属关系，恰当选用，不可随意为之。

2. 起首语

即公文的开篇语，它在文中的位置，关系重大。公文写作不可不重视起首语的运用，因为它是行文先锋（开头）的"尖兵"，直接关系到全篇公文的命运。

公文中常用的起首语大体上可分为四类：

其一，表目的的，如"为""为了"等；

其二，表根据的，如"根据""遵照""按照""依照"等；

其三，表原因的，如"鉴于"由于""随着"等；

其四，表态度、方式的，如"兹定于""兹有""兹派""兹将""兹介绍""欣闻""欣悉"等。

3. 经办语

常用的有"拟""拟定""拟于""草拟""布置""部署""计划""决定""安排""审定""审核""审批""审签""批阅""批复""出示""出具""赋予""付诸""会同""会签""会审""会晤""实施""施行""公布""颁布""发布""颁发""颁行""报请""报告""报批""报呈""呈请""呈阅""递交""申报""递送""送审""传阅""提请""准予""签发""签署""签证""签字""业已""业经""报经""业于"等。这类专业术语数量颇多，不胜枚举。

4. 时间语

常用的有"最近""目前""不久前""迅即""时限""时效""时宜""顷刻""过去""现在"等。这些时间语，多系表量模糊而表意准确的模糊语言。

5. 期请语

常用的有"请""务请""恳请""即请""请予""请示""希""希望""务希""即希""尚希""尚祈""尚盼""尚望""接洽""商洽""商定""商议""商酌""须即""须经""务须""应予""应当""悉力""悉心"等。

6. 征询语

常用的有"当否""妥否""可否""是否可行""是否同意""是否妥当""意见如何"等。

7. 表意语

常用的有"应""拟""责成""批准""同意""欠妥""不妥""照办""禁止""取消""力戒""力避""切勿""切记""严惩""严厉""查询""查勘""查证""酌定""酌办"等。

8. 谦敬语

常用的有"承""承蒙""不胜""大力""通力"等。

9. 过渡语

即公文层次或段落以及语句前后之间的连缀语。

常用的有"为此""现将""特作""基于""对此""据此""总之""由此观之"等。

10. 结尾语

即位于公文结尾部分的固定性语句,具有使行文显得简洁凝练、典雅庄重的功用。

常用的有"此令""此复""特此通知""特此报告""希照此办理""请即遵照执行""现予公布""妥否,请批示""请予函复""为荷"等。

除此之外,公文中还要运用大量的文言词语,如"拟请""承蒙""兹有""值此""经由""贵(厂)""此布""是否""为此""尚""悉""若干"等,不胜枚举。这些文言词语多是由古汉语发展演变而成的,并且经过长期发展,在公文中使用广泛,且具有专门性。

附录3　办公礼貌用语

一、基本要求

在接打电话、接待客人、执行公务时，要做到谦虚谨慎、态度和蔼、用词文明、礼貌待人、专心听讲、耐心解释、准确回复、能办即办。

用语应以"好"字开头，"请"字当先，"谢谢"和"再见"结尾。

不盛气凌人，不语出粗鲁，不含混其词，不刁难推诿。

二、文明用语

（一）接待文明用语

(1) 请进，您好。

(2) 您好！请问您有什么事？

(3) 请您坐下稍等一会儿。

(4) 您别着急（不要紧），慢慢讲。

(5) 这件事由××（单位或姓名）负责办理，办公地址在××××。

(6) 对不起，这件事我不太清楚，请稍等一下，我帮您问一问。

(7) 对不起，××同志不在，您可以将材料留下，我转交给他。

(8) 不用谢，这是我们应该做的。

(9) 对不起，请原谅。

(10) 再见，您慢走。

（二）办公文明用语

(1) 这里出（填）错了，请您再重新填一份。

(2) 对不起，电脑（仪器）出现了故障，正在修理，请您稍等。

(3) 请不要着急，我尽快给您办理。

(4) 请稍等，我再复核一遍。

(5) 请原谅，耽误您时间了。

(6) 这是您的材料，请拿好。

(7) 有什么不明白的问题，请随时与我们联系。

（8）如有不清楚的地方，您尽管问。
（9）您提的意见很好，我们一定采纳。
（10）我接受您的批评。有不妥之处，请多多谅解。

（三）接打电话文明用语

（1）您好，×××（单位）办公室，请问您有什么事（请问您找哪位）？
（2）请稍等，我帮您看看他（她）在不在。
（3）对不起，您找的××同志不在。有什么事需要转告吗？
（4）我就是，请问您是哪一位？
（5）对不起，我没有听清楚，请您再讲一遍可以吗？
（6）方便的话，请留下您的姓名和电话。
（7）对不起，您打错电话了。
（8）您好，×××（单位）办公室，有个会议通知（或有件事）请记录下。
（9）您好，×××（单位）办公室，请您帮忙找一下×××可以吗？
（10）麻烦您了，再见！

三、工作忌语问

（1）不知道！
（2）不在！
（3）喂，找谁！
（4）喂，谁呀！
（5）（电话）打错了！
（6）记个通知！
（7）等会儿！
（8）你是哪儿的！
（9）你问我，我问谁！
（10）还没上班，谁叫你来这么早！
（11）不是跟您说了吗？怎么还不清楚！
（12）怎么搞的，连这个都不会。
（13）别吵了，没看见我一直在忙吗？
（14）你急什么，没看见我在忙吗？
（15）这是电脑算出来的，还会有错？
（16）今天我没空，明天再来吧。
（17）快下班了（已经下班了），有事明天再来。
（18）这事不归我管。
（19）我管不了，你找领导去吧。
（20）我不跟你谈，你叫××来。

(21) 不可能的事,你回去吧。
(22) 站这儿干什么,快出去。
(23) 讲快点,我忙着呢(我要走了)。
(24) ××不在,我没办法。
(25) 我有什么办法,政策又不是我定的。
(26) 我们是在按规定办事。
(27) 不归我管,你问别人吧。
(28) 这事不归我们管,你找谁都没用。
(29) 你怎么又来了!
(30) 这事以后再说。

参考文献

[1] 王立军,华英,柯菲. 应用写作实训教程[M]. 北京:北京理工大学出版社,2015.

[2] 王治生,张劲松. 应用文写作情境化实训教程[M]. 北京:北京理工大学出版社,2014.

[3] 袁学良,刘静. 新编应用文写作实用教程[M]. 北京:北京邮电大学出版社,2013.

[4] 王立军,华英,李阳熙. 应用写作实训教程[M]. 北京:北京理工大学出版社,2014.

[5] 陈玲. 商务礼仪[M]. 北京:清华大学出版社,2013.

[6] 陈荣邦,丁晓. 应用写作[M]. 北京:北京出版社,2016.

[7] 徐中玉. 应用写作. 2版. [M]. 北京:高等教育出版社,2016.

[8] 张建. 应用写作. 3版. [M]. 北京:高等教育出版社,2016.

[9] 李佩英. 应用写作实训教程. 3版. [M]. 北京:高等教育出版社,2015.

[10] 董金凤. 实用应用写作[M]. 北京:高等教育出版社,2011.

[11] 张奇,郭瞻予,张忠仁. 高等教育心理学专题[M]. 大连:辽宁师范大学出版社,2004.